流动人口实现高质量就业研究

王伶鑫◎著

吉林人民出版社

图书在版编目（CIP）数据

流动人口实现高质量就业研究 / 王伶鑫著. -- 长春：吉林人民出版社, 2023.9
ISBN 978-7-206-20452-4

Ⅰ.①流… Ⅱ.①王… Ⅲ.①流动人口—就业问题—研究—中国 Ⅳ.①D669.2

中国国家版本馆CIP数据核字（2023）第176793号

责任编辑：王　斌
封面设计：清　风

流动人口实现高质量就业研究
LIUDONG RENKOU SHIXIAN GAOZHILIANG JIUYE YANJIU

著　　者：王伶鑫
出版发行：吉林人民出版社（长春市人民大街7548号 邮政编码：130022）
印　　刷：三河市金泰源印务有限公司
开　　本：787mm×1092mm　1/16
印　　张：12.5　　　　　　　　字　　数：180千字
标准书号：ISBN 978-7-206-20452-4
版　　次：2023年9月第1版　　　印　　次：2023年9月第1次印刷
定　　价：68.00元

如发现印装质量问题，影响阅读，请与出版社联系调换。

目　录

第一章　绪　论……………………………………………………001
　第一节　研究背景 …………………………………………002
　第二节　研究意义 …………………………………………022
　第三节　研究问题与章节安排 ……………………………024
第二章　理论回顾与文献综述……………………………………028
　第一节　人口流动理论的源起：刘易斯二元经济结构理论 …028
　第二节　人口流动理论的扩展：新迁移经济学等 ………035
　第三节　劳动力市场分割理论及实证研究 ………………040
　第四节　劳动力市场歧视理论及实证研究 ………………042
　第五节　我国流动人口职业获得与收入水平影响因素研究现状 …046
　第六节　文献评述与研究假设 ……………………………051
第三章　研究设计…………………………………………………059
　第一节　研究框架 …………………………………………059
　第二节　数据来源与变量选择 ……………………………062
　第三节　研究方法与模型设定 ……………………………071
第四章　流动人口职业获得分析…………………………………082
　第一节　流动人口职业获得的影响因素 …………………083
　第二节　流动人口劳动合同签订影响因素分析 …………088
　第三节　流动人口工作期待的差异性分析 ………………092
第五章　全部流动人口教育回报分析……………………………099
　第一节　分户籍的流动人口受教育程度和收入水平描述性分析 …099
　第二节　流动人口线性教育回报及户籍差异 ……………103
　第三节　流动人口阶段教育回报及户籍差异 ……………112

第六章 流动人口高等教育回报分析 119
第一节 流动人口高等教育整体回报水平 120
第二节 流动人口各层次高等教育回报水平 128

第七章 青年流动人口教育健康回报分析 135
第一节 理论基础与文献回顾 136
第二节 数据来源与变量选择 139
第三节 结果分析 143

第八章 流动人口工资户籍差异分析 154
第一节 流动人口工资收入的户籍差异分解 154
第二节 分工作部门的流动人口工资户籍差异 157
第三节 分代际的流动人口工资户籍差异 160

第九章 结论与讨论 164
第一节 主要结论 164
第二节 进一步讨论 168
第三节 未来研究展望 172

参考文献 175
附　　录 191

第一章 绪 论

人口流动与国家的社会经济发展密切相关,经济目的是人口发生迁移和流动的主要动机,积极的人口流动能够显示出经济发展的活力。人口迁移与流动是塑造我国人口结构和社会结构的重要力量。在空间维度上,人口流动重塑了人口分布格局;在家庭维度上,人口流动重塑了流动人口在流入地和流出地的家庭结构;在个体维度上,人口流动重塑了流动人口自身对人力资本投资以及职业发展的新需求。流动人口群体经历了做出流动决策、进入流入地劳动力市场、在流入地进行就业、是否选择回迁等一系列过程。流动人口自身特征会影响其就业选择和收入水平,而收入水平的高低与其在流入地的发展又有着密切的联系。就业是民生之本,党的二十大报告提出"实施就业优先战略"[①]。从实现高质量就业的角度来看,我国就业规模持续扩大,结构不断优化;农民工作为就业重点群体之一,其总规模从2012年的26261万人增至2022年的29562万人;规模庞大的流动人口群体释放出较强的就业意愿,随着新兴经济形态的出现,流动人口在服务业及灵活用工等新领域积极就业,呈现出更加多样化、更加灵活的就业形态。

第七次全国人口普查数据显示,我国流动人口规模为3.76亿人,与2020年相比增长了69.73%,人口流动以近距离、省内流动、乡—城流动、向东部地区聚集的模式在20年间相对保持稳定。[②]在流动人口规模大幅度增加、人口流动更趋活跃的背景下,流动人口内部差异性逐渐凸显,一个值得思考的问题是流动人口内部特征的差异化是否会对其职业获得和收入水平产生影响,且在更广义的人力资本层面上,流动人口的健康状况将如何受到教育等因素

---

① 党的二十大报告辅导读本[M].北京:人民出版社,2022:43.
② 周皓.中国人口流动模式的稳定性及启示——基于第七次全国人口普查公报数据的思考[J].中国人口科学,2021(03):28—41,126—127.

的影响？在以往的研究中，流动人口，特别是农民工群体，与本地人口相比存在较为明显的工资收入差异；虽然流动人口带来了较高的人力资本存量，但他们的人力资本回报水平仍然较低。本书希望将户籍差异比较的视角放到流动人口内部中，考察流动人口内部的户籍差异对于其职业获得和收入水平会产生怎样的影响。同时，受教育程度是一项重要的人力资本，也是一项自致性要素，流动人口内部的受教育程度差异对其就业选择、收入水平和健康状况的影响如何？更高程度的教育能否在一定程度上化解因户籍带来的回报差异？因此，流动人口内部的教育回报同样是研究问题之一。在人力资本理论框架下，教育和健康都是重要的人力资本，教育不仅会对个体的收入水平产生影响，还会影响个体的健康状况。流动人口健康既是学术研究的热点，也是政策支持的重要方面，因此，本书将流动人口教育健康回报也纳入研究范围，进一步拓展了研究主题。本书中的流动人口特指以外出务工为目的的流动人口，其他原因产生的流动现象不纳入研究范围。

第一节　研究背景

一、市场转型与中国劳动力市场的发展

自1978年改革开放以来，计划经济逐步退出历史舞台，1992年党的十四大提出发展社会主义市场经济，到了21世纪，已经基本上建立了市场经济体系，中国的国家经济形态经历了巨大的转变。伴随着经济体制改革的起步，在20世纪80年代末至90年代初，大量学者对中国的社会转型进行了研究。其中最具有代表性的包括"市场转型理论""权力维系论"等。

关于中国从再分配制度转向市场经济过程的理论争论中，基于市场化逻辑的人力资本回报和基于国家制度逻辑的政治资本回报是争论的焦点。[1]

---

[1] 唐斌斌，刘林平. 市场转型理论哪一些研究结论是可信的？——对市场转型实证研究结果的Meta分析［J］. 社会学评论，2021，9（05）：214—235.

例如，倪志伟的"市场转型理论"认为市场能力将逐渐取代再分配权力成为获得经济收益的主要机制，伴随着人力资本回报上升和国家权力回报的下降，市场化将对传统行政精英的优势地位形成冲击，并导致了社会分层和流动机制的新变化。[1][2]但是该命题不断遭到各方的质疑和争论，其反对观点认为在市场转型期，国家权力回报仍然存在，在收入分配中起到重要作用。

在中国市场转型引发的一系列理论争论的同时，劳动力自由流动开始逐渐活跃起来，与之相伴随的是中国劳动力市场的快速发展，劳动力市场分割日益凸显，中国劳动力市场向着多重分割的方向变化。随着经济体制的改革和城镇化的不断推进，流动人口群体逐渐进入城市的劳动力市场中，成为新的不可忽视的社会群体。

1952—2021年我国三大产业就业人数占就业总人数百分比及就业人员总数如图1-1所示。从总体上来看，我国就业人员总数呈现出先明显上升、达峰后缓慢回落的变化趋势。由1952年的20729万人上升至2014年底的峰值76349万人，这期间增加了2.68倍；从2015年开始，我国就业人员总数出现缓慢下降，从2015年的76320万人下降至2021年的76552万人。就业人员总数整个变化过程大致可以分为两个阶段，从新中国成立初期到1990年是就业人员数增速较快的时期，其中在新中国成立初期到1975年之间增加较为迅速，1989年到1990年又出现了一次较大幅度的上升。在1990年之后总就业人数的上升趋势变缓，直到2014年底达到峰值。

---

[1] 刘欣. 市场转型与社会分层：理论争辩的焦点和有待研究的问题[J]. 中国社会科学，2003（05）：102—110.
[2] 曾迪洋. 国家还是市场：城镇化进程中流动人口的市场转型偏好[J]. 社会，2016，36（05）：131—154.

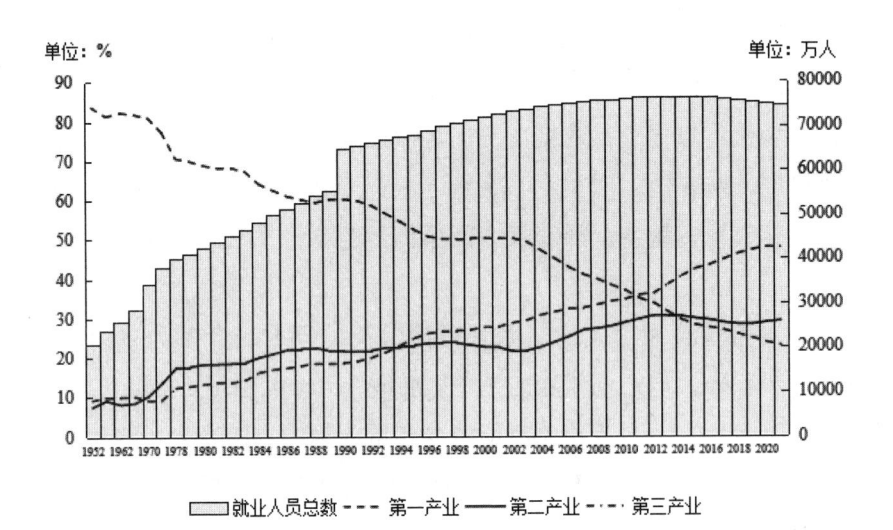

图1-1 我国三大产业就业人数占就业总人数百分比及就业人员总数：1952—2021年

资料来源：《中国统计年鉴2022》

从分产业的就业人数占比来看，新中国成立初期第一产业就业人数占总就业人数的比重非常高，说明当时的经济结构以第一产业为主，在第二产业和第三产业就业的人员占比均不到10%。从这时期的角度来看，第一产业就业人员占比呈现出略有波动的下降趋势，在1997年首次降到50%以下，为49.9%，随后经历了几年的微小的反弹，自2003年起第一产业就业人员比重一直在50%以下，并且下降的趋势比较陡峭，接近于直线下降。2008年，第一产业就业人员比重降至40%以下；2014年降至30%以下；到2021年，第一产业就业人员比重已下降至22.9%。这说明随着时代的发展，从事农业生产的人员的数量正在下降，第二、第三产业正在不断发展，吸纳了较多劳动力，农业就业人口不断向第二、第三产业转移，这其中就包含了大量由乡进城务工的流动人口。

第二产业就业人数占比的变化情况呈现出一定的波动，总体上比重在增加，但增速较缓。第二产业就业比重和第三产业就业比重出现了两次交叉，分别是1970年第二产业就业比重超过第三产业，1994年开始第二产业就业比重低于第三产业。从发展阶段看，从1949年到1965年，第二产业就业人数占比一直未超过10%，同时也低于第三产业。1970年至1993年，第二产业就业人数占比一直高于第三产业，两者差距呈现先增大后缩小的趋势。1993年第二产业就业人数比重达到22.4%，这说明在这一阶段工业制造业的发展较为迅速，吸纳了较多劳动力进入制造业就业。2002年至2012年，第二产业就业人数占比呈现明显上升的趋势，从2002年的21.4%上升至2012年的30.4%；随后进入下降区间，从2013年的占比30.3%下降至2020年的28.7%，2021年小幅回升至29.1%。

第三产业就业人数占比呈现出明显的一路上扬的趋势。新中国成立初期在第三产业就业的人员尚不足就业人员总数的10%，但在随后一直稳定上升，在1994年第三产业就业人数占比开始超过第二产业，达到了23.0%；到2011年第三产业的就业人数占比为35.7%，已经超过了第一产业，成为就业人数占比最高、就业人数最多的产业；2011年之后第三产业就业人数占比还在进一步升高，2021年已达到48.0%。

从我国宏观就业情况来看，伴随着经济体制改革，我国的就业结构也发生了较大的变化，这一变化的背后实际上是与流动人口进入劳动力市场的进程密切联系的。流动人口进城务工的过程实际上就是劳动力由第一产业向第二产业、第三产业转移的过程，第三产业的快速发展使其成为未来接收产业转移人口的重要阵地，同时也是流动人口将大量聚集的就业部门。

流动人口进入劳动力市场后，其职业获得和工资收入状况备受关注。市场转型理论争论引发的对劳动力市场回报的一系列研究，其关注点在于市场化分配逻辑和国家再分配权力之间谁为主导，而这对流动人口的职业获得和工资收入研究提供了来自市场化和国家制度进行比较的视角。可以看出，在经济转型阶段，基于市场化逻辑的教育回报水平正在逐步提高，流动人口出于经济理性选择外出务工，但同时这一群体又受户籍制度和城乡二元体制的影响，或多或少地在城市劳动力市场中遭遇了职业隔离或就业歧视现象。因此，在流动人口这一群体中，同时具有国家制度和市场化两种特征，这两种要素具体表现为户籍属性和受教育水平。可以认为，户籍和教育两个要素代表了劳动力市场中的两种具有竞争性的力量，户籍作为外生性的制度要素，教育作为内生性的自致要素，对流动人口职业获得和工资收入的影响如何，值得进一步的研究。

二、我国户籍制度变迁与流动人口的产生

（一）我国户籍制度的演变

从人口流动角度来看，在新中国成立后，我国关于人口迁移和流动的政策经历了先松后紧，再度放松的过程。国内的户口迁移制度只为了统计人口的需要，迁移入户问题未受到限制。1953年以后，随着第一个五年计划的实施，致使越来越多的农村劳动力涌入城市，在1950—1960年，政府颁布了一系列条文制度，严格限制由农村往城市的人口流动。直至1978年改革开放前，国内的农村向城镇之间暂时性人口迁移或者说人口流动是受到限制的，随着经济改革和对外开放的逐步推进，为解决农村剩余劳动力的出路问题，不断放宽政策限制。1984年，中共中央1号文件规定"允许务工、经商、办服务业的农民自理口粮到集镇落户"，这便打破了长期以来严格限制农民进城的规定。[1]随着经济改革的逐步推进，以提高经济收入为目的的人口流动迅速兴起，流动人口规模的不断扩大，迁入地的选择性凸显。流动人口研究逐渐受到关注，同时对社会现实也具有重要意义。

流动人口对我国城镇化水平的提高做出了重要贡献，也是新型城镇化建设的重要参与力量。相关研究指出，2000—2010年城镇人口增长中的57.4%是由农村人口向城市迁移流动构成的，日趋频繁和活跃的人口流动不断更新着我国的城镇化版图。[2]根据国家统计局公布的数据，2016年至2019年，我国户籍人口城镇化率一直低于常住人口城镇化率约17个百分点，"七普"结果显示两者之间的差距增加到18.49个百分点。这说明人口向城镇流动的趋势进一步加强，但同时也反映出流动人口向户籍人口转换仍存在着局限和不足。党的二十大报告提出"深入实施区域协调发展战略、区域重大战略、主体功能区战略、新型城镇化战略""推进以人为核心的新型城镇化，加快农业转移人口市民化"[3]。《"十四五"新型城镇化

---

[1] 辜胜阻.中国两类人口迁移比较研究[J].中国人口科学，1991（04）：16—21.
[2] 王放."五普"至"六普"期间中国城镇人口的增长构成[J].人口与发展，2014，20（05）：16—24.
[3] 党的二十大报告辅导读本[M].北京：人民出版社，2022：28—29.

实施方案》提出"深化户籍制度改革""放开放宽除个别超大城市外的落户限制,试行以经常居住地登记户口制度"。推进农业转移人口市民化,是新型城镇化的首要任务。在提升城镇化质量的过程中,仍然存在户籍制度改革及其配套政策尚未全面落实,城镇基本公共服务尚未覆盖全部常住人口等不足之处。随着新型城镇化战略的不断推进,流动人口将逐步实现向城市"新市民"的身份转变,体现了以人为本的发展理念。

(二)流动人口定义的演变

由于我国户口制度的存在,在我国,迁移人口和流动人口在定义上存在一定的差别。"迁移人口"一般指人口跨越了地域范围同时伴随着户籍登记地的改变,可以视为一种永久性的流动;而"流动人口"是指人口虽然发生了地理位置上的变更,一般并不伴随着户口登记地的改变。下面对我国"流动人口"定义的时代变迁情况进行梳理。

在我国,最初出现流动人口时,其被称作"盲流"。这表明当时社会对流动人口的认知是比较负面的,认为他们是一种盲目的流动,无规律可循。但随着社会经济的不断发展,流动人口逐渐形成规模,其流动行为展现出一定的规律性,内部的结构也在发生着变化,对流动人口的定义也在不断细化。

20世纪80年代,研究者提出人口流动是并未改变人们常住地的人口移动,流动人口主要是指离开本县、市户籍所在地,并不改变其常住地的临时外出的人口。[1][2][3]不同学科、行业对流动人口是否能够归入迁移人口的一种特殊形式持有不同意见,张庆五认为,从制度和法律的层面来说流动人口并不涉及常住人口户口的移动,并不能完全纳入人口迁移的范畴内。但北京市政府研究室在1986年《工作研究》特刊第1期中认为,流动人口是人口移动的一种特殊形式,是为满足某种社会经济生活需要而进行短期迁移的人口总体。

---

[1] 魏津生. 国内人口迁移和流动研究的几个基本问题[J]. 人口与经济, 1984(04): 32—37, 50.

[2] 杨秀石. 经济开放中的城市流动人口[J]. 人口学刊, 1985(06): 40—44.

[3] 张庆五. 关于人口迁移与流动人口概念问题[J]. 人口研究, 1988(03): 17—18.

根据1980年代关于流动人口的定义，可以看出区分流动人口的关键在于是否有户籍变动，以及产生离乡行为的原因，流动的主要原因是经济层面的。从地理范围上看，并未明确指定跨越多大的地理距离或行政区可以算作流动人口；从外出时间上看，也并未指定具体的外出时间下限，但当日往返、临时去往某地的活动、市内"钟摆式"人口流动不在流动人口范围内。

下面来看各次普查和1%调查中对流动人口的定义。

在1982年的第三次全国人口普查中，流动人口指户口登记状况（调查项目六）为"常住本地一年以上，户口在外地"，以及"人住本地不满一年，离开户口登记地一年以上"两款人。

在1987年全国 1%人口抽样调查中，流动人口指户口登记状况（调查项目六）为"户口在外地"的人。

在以上两次调查中，"本地"是指本县，"外地"是指本县以外地区。

在1990年的第四次全国人口普查中，流动人口指户口登记状况（调查项目六）"常住本县、市一年以上，户口在外县、市"及"人住本县、市不满一年，离开户口登记地一年以上"两款人。

在2000年的第五次全国人口普查中，流动人口指户口登记状况（调查项目R6）"居住本乡镇街道半年以上，户口在外乡镇街道"以及"在本乡镇街道居住不满半年，离开户口登记地半年以上"两款人，并剔除其中的市内人户分离人口。

在2005年全国1%人口抽样调查中，流动人口是指"调查时点居住地"（调查项目R7）在本调查小区，但"户口登记地情况"（调查项目R6）为本乡（镇、街道）以外的人口，同时剔除了市内人户分离人口。[1]

在2010年的第六次全国人口普查中，采用现有人口和户籍人口同时登记的办法，同时调查了离开户口登记地的时间。通过这一登记办法区分出三类人群：一是人在本普查区且户口也在本普查区的人口；二是人在本普

---

[1] 段成荣，杨舸，张斐，等. 改革开放以来我国流动人口变动的九大趋势[J]. 人口研究，2008（06）：30—43.

查区但户口在别的地区；三是户口在本地区而人在其他地区。第二和第三类则均属于"人户分离"的流动人口，但流动人口中并不包含市辖区内人户分离的人口。①

在2020年的第七次全国人口普查中，流动人口是指人户分离人口中扣除市辖区内人户分离的人口。②

综上所述，在明确的公安统计和人口统计中，人口迁移与人口流动的概念是不同的，其区分标志是否发生了户籍所在地的变化，发生改变即为迁移人口，未发生改变的为流动人口。随着时间的变化，对流动人口进行统计的地域和时间口径都在发生变化，地域方面由本县之外的"外地"逐步明确到"外市、县"再到"外乡镇街道"，并且从2000年第五次全国人口普查开始将市内分离人口也剔除在流动人口行列。在时间方面，由最开始的外出一年变化为半年以上。由此可见，流动人口的定义在一段时期内发生了相应的变化，对这一群体的判断标准变得更为明晰了。

在实际研究中，研究者对"迁移"与"流动"这两个概念并未有非常明确的区分，有时所说的人口迁移也包含了未改变户籍的居住地的改变，随着流动人口在居住地居住时间地不断增长，可以将人口流动行为视为广义的人口迁移的特殊情况，因此在实际研究中，根据研究者的研究问题和社会情境，有时所说的人口迁移与人口流动的概念是等同的。

在日常生活中大众、媒体等对于流动人口这一群体的称谓也随时间发生了变化。如前文所述在新中国成立后，最早开始人口流动现象时流动人口被称为"盲流"，其中有盲目流窜的负面意义。有的研究通过梳理《人民日报》对"农民工"这一群体称谓的时期变化，发现"农民工"这一词语最早从1980年开始出现在《人民日报》上，1991年国务院发布的《全民所有制企业招用农民合同制工人的规定》首次将"农民工"这一称谓写进了法律条例；在市场经济初期"民工"这一称谓被大量使用，主要

---

① 乔晓春，黄衍华. 中国跨省流动人口状况——基于"六普"数据的分析[J]. 人口与发展，2013，19(01)：13—28.
② 第七次全国人口普查公报（第七号）——城乡人口和流动人口情况[M]. 北京：中国统计出版社，2023：1921.

指参加建筑、运输等重体力劳动的农民,但在2003年之后这一称谓的使用量大大下降;随着时代的变迁与发展,"流动人口""新市民"这类词汇开始出现。①

"农民工"称谓的变化不仅是对这一群体的认知的变化,同时也反映了特定时期背景下社会、经济、政治、文化等一系列领域的变迁状况②,还进一步体现了政府、社会大众、学术界对这一群体的重视,并且对于伴随着人口流动产生的一系列务工经商、社会福利、个体权利、劳动纠纷、身份转换、子女入学等新现象新问题也引起了广泛的关注。流动人口并不是一个个孤立的个体,他们连接着流入地与流出地,连接线上流动的不仅仅是个体的劳动力、人力资本付出,同时还包括了资金的流动、家庭成员的随迁与否、教育资源的获取等。因此对于这一群体的关注具有现实意义。

三、我国流动人口发展变化状况

自1978年我国改革开放的步伐开始迈开,计划经济逐步退出历史舞台;1992年党的十四大提出发展社会主义市场经济,到了21世纪,已经基本上建立了市场经济体系,我国的经济形态经历了巨大的转变。随着经济体制的改革,人口的迁移和流动也慢慢活跃起来。

(一)流动人口规模变化

在对历次人口普查以及人口抽样调查数据的分析中可以看出,近几十年来我国人口流动的数量变化和空间格局演变趋势。图1-2展示了我国1982年至2020年流动人口规模变化情况。从数量上来看,自20世纪80年代以来,我国的流动人口规模在38年间增长了超50倍,1982年流动人口占总人口的比例仅为0.66%,到2000年时已经突破1亿人,2005年全国流动人口数量已接近1.5亿人,2010年第六次全国人口普查的结果显示,我国总人口

---

① 苗红娜.国家治理、市场理性与公民权利:"农民工"称谓变迁的内在逻辑[J].河南大学学报(社会科学版),2017,57(06):8—14.

② 汪勇."农民工"称谓的历史演变及其启示[J].南京社会科学,2007(11):89—93.

中人户分离人口已达到26139万,与2000年第五次全国人口普查相比增加了11700万,增幅达到81.03%,全国流动人口数量已经达到了2.45亿。[①]2015年我国流动人口数量为2.47亿人,2020年第七次全国人口普查数据显示,我国流动人口数量增长至3.76亿人。以上数据说明,我国经济社会持续发展为人口流动创造了良好的条件,人口在区域间进行流动的趋势更加明显,流动人口规模不断扩大。

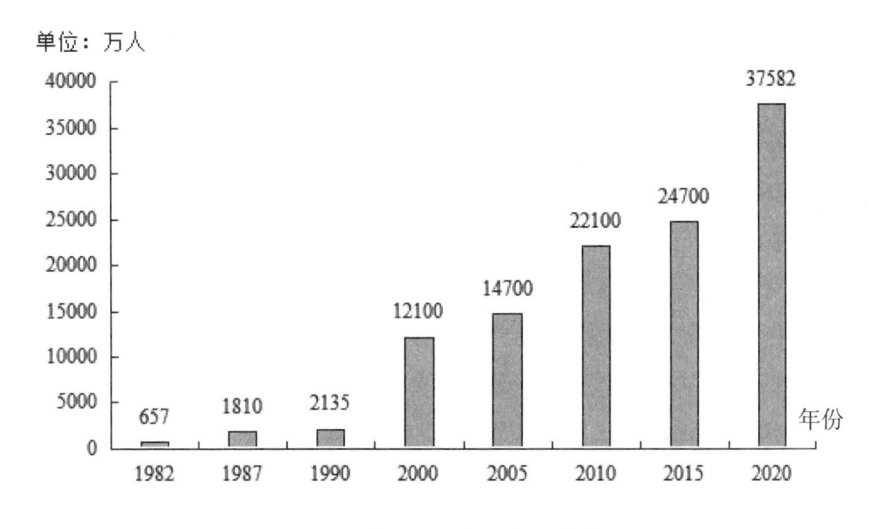

图1-2　我国流动人口数量变化

资料来源:1982—1995年数据来自《改革开放以来我国流动人口变动的九大趋势》,2000年、2005年、2010年、2015年数据来自《中国统计年鉴2020》,2020年数据来自《中国人口普查年鉴2020》。

(二)流动人口的流动原因

从流动原因上看,随着市场经济进一步发展,出于经济目的迁移和流

[①] 邹湘江,吴丹. 我国流动人口减少了吗?——基于2015年1%人口抽样调查数据的分析[J]. 江西社会科学,2017,37(05):233—242.

动增多。[1][2][3][4]中国人口迁移与流动从20世纪90年代开始逐渐显示出家庭化的特征，人口流动正由"候鸟式"向"定居式"转变，"举家迁移"的现象越来越普遍。[5]家庭迁移是以核心家庭的迁移为主要形式，夫妻携子女迁移的情形日益增多。[6]2011年的数据显示，有近70%的流动人口与家人共同流动，在现居住地户均规模达到2.5人。[7]

第七次全国人口普查数据显示，工作就业是流动人口选择外出的重要原因。从广义上来看，在第七次全国人口普查时点上户口登记地在外乡镇街道的人口中，20—39岁青年段人口选择外出原因为工作就业的比重较高。其中，20—24岁人口有44.73%外出原因为工作就业，25—29岁人口这一比例为63.43%，30—34岁人口这一比例为60.33%，35—39岁人口这一比例为57.75%。从更严格的流动人口定义的角度来看，2020年第七次全国人口普查时点上，户口登记地在本省其他乡镇街道的人口中，迁移原因是工作就业的占比为28.60%；户口登记地在外省的人口中，迁移原因是工作就业的占比为68.31%。

（三）流动人口的空间分布

从流出地的空间分布上看，改革开放以前，流动人口受国家政策、历史背景等原因，人口流出中心主要集中在中部地区。[8]第六次全国人口普查数据显示，流出地主要集中于中部地区，西部地区除省会城市，人口流出的基本很少。中西部地区的流出中心形成了一个以"川、渝、皖、赣、

---

[1] 穆光宗. 改革开放以来中国人口迁移的特点和趋势[J]. 人口学刊，1994（03）：33—37.
[2] 李树茁. 中国80年代的区域经济发展和人口迁移研究[J]. 人口与经济，1994（03）：3—8，16.
[3] 顾朝林，蔡建明，张伟，等. 中国大中城市流动人口迁移规律研究[J]. 地理学报，1999（03）：14—22.
[4] 李玲. 改革开放以来中国国内人口迁移及其研究[J]. 地理研究，2001（04）：453—462.
[5] 郝福庆，陈磊，龚桢梽. 统筹解决我国流动人口问题的路径选择及对策建议[J]. 人口研究，2013，37（01）：104—112.
[6] 周皓. 中国人口迁移的家庭化趋势及影响因素分析[J]. 人口研究，2004（06）：60—69.
[7] 国家人口和计划生育委员会流动人口服务管理司. 中国流动人口发展报告2012[M]. 北京：中国人口出版社，2012年.
[8] 段成荣，杨舸，张斐，等. 改革开放以来我国流动人口变动的九大趋势[J]. 人口研究，2008（06）：30—43.

第一章 绪 论

湘、豫"为核心的流出圈,这些地区也是传统的人口输出大省。[1]基于2017年全国流动人口动态监测调查数据的研究指出,青年流动人口倾向于向更高等级和更大规模的城市流动,主要流出地是中等城市、Ⅰ型小城市与Ⅱ型大城市,主要流入地包括省会城市、城市群中的核心城市以及区域中心城市,流入地的空间分布呈现"东密西疏"的非均衡格局。[2]

中国流动人口在流入地的选择上也发生了一些变化。国际研究认为,在人口城市化过程中,人口流动的模式是农村→小城镇→中等城市→大城市,然而从20世纪60年代开始,率先步入人口城市化的若干发达国家其人口流动模式变为,特大或大城市→中等城市→小城镇→农村。有学者发现随着我国社会经济的发展,在人口城镇化进程的中后期,大规模、长距离的区域间和乡城人口迁移流动趋于下降后,城—城和城市内部的人口迁移流动,以及短期的以休闲和商务为主导的各类循环流动将成为人口迁移流动的主要形式。[3]基于第七次全国人口普查数据的研究指出,通过与历史数据的对比,我国省内人口流动规模大量增加,乡城流动占主导地位,但城城流动人口数量规模不断增大并且增速快于乡城流动人口。[4]因此城城流动将成为未来新的人口流动的重要组成部分,同时也是相关研究值得关注的方面。

从流入地的空间分布上看,第三次全国人口普查结果显示,黑龙江省吸引的流动人口最多,其次是河南、山东、江苏和安徽;第四次全国人口普查结果显示流动人口流入地前三名是广东、安徽、黑龙江;第五次全国人口普查的结果显示,流动人口主要集聚在长三角、珠三角、京津冀等沿海城市群,尤其是特大城市;第六次全国人口普查结果显示,流动人口的分布集中趋势尤为明显,显著热点城市主要集中在长三角、珠三角、京津冀。和第五次全国人口普查相比,中国流动人口集聚地最显著的是长三角

---

[1] 余运江,高向东. 中国流动人口空间分布格局与集聚状况研究——基于地级区域的视角[J]. 南方人口,2016,31(05):57—69.
[2] 窦旺胜,秦波,郝美竹,等. 中国青年流动人口城市选择的空间特征及影响因素[J]. 地理研究,2023,42(05):1234—1247.
[3] 朱宇,林李月,柯文前. 国内人口迁移流动的演变趋势:国际经验及其对中国的启示[J]. 人口研究,2016,40(05):50—60.
[4] 朱宇,林李月,柯文前,等. 中国人口流动变迁及其对城市更新策略的启示[J]. 人口与经济,2023(04):41—55.

而不是珠三角，出现了分布重心北移的现象。[1][2]第五次全国人口普查和第六次全国人口普查结果显示，东部发达城市地区和其他区域重要经济中心城市保持着极强的人口集聚能力。[3]对我国2010至2019年农民工务工地区的分析指出，中西部地区农民工的规模持续增加，农民工群体有从东部向中西部回流的趋势，持续多年的农民工向东部沿海聚集的流动模式发生了一些新变化。[4]

从长期来看，流动人口仍然是我国社会经济发展的重要组成部分，但其中出现的新现象、新变化值得进一步的关注，特别是流动人口在流入地劳动力市场中的就业机会、就业结果等，将流动人口个体发展、家庭生活与社会经济发展紧密联系在一起。流动人口这一群体处在城乡二元分割的身份体系中，"非本地户籍"带来的不便利之处仍然存在，农村户籍流动人口在劳动力市场中遭遇的歧视最为突出。[5]随着对流动人口研究的不断深入，相关研究指出，流动人口在流入地遭遇了多重制度障碍，例如，在劳动力市场中进一步遭遇了"双重户籍墙"的限制，农村劳动力在城市中无法同等享受由城市户口带来的一系列公共服务，进一步造成资源拥有上的不平等并面临着就业结构性排斥，进一步造成流动人口在城市中难以实现有效社会融合。[6][7][8]从流动人口自身发展的角度来看，对于现阶段已经流出

---

[1] 段成荣，杨舸，张斐，等.改革开放以来我国流动人口变动的九大趋势[J].人口研究，2008（06）：30—43.

[2] 余运江，高向东.中国流动人口空间分布格局与集聚状况研究——基于地级区域的视角[J].南方人口，2016，31（05）：57—69.

[3] 于涛方.中国城市人口流动增长的空间类型及影响因素[J].中国人口科学，2012（04）：47—58，111—112.

[4] 林李月，朱宇，柯文前.城镇化中后期中国人口迁移流动形式的转变及政策应对[J].地理科学进展，2020，39（12）：2054—2067.

[5] 余向华，陈雪娟.中国劳动力市场的户籍分割效应及其变迁——工资差异与机会差异双重视角下的实证研究[J].经济研究，2012，47（12）：97—110.

[6] 刘传江，程建林.双重"户籍墙"对农民工市民化的影响[J].经济学家，2009（10）：66—72.

[7] 周世军，周勤.户籍制度、非农就业"双重门槛"与城乡户籍工资不平等——基于CHNS微观数据的实证研究[J].金融研究，2012（09）：101—114.

[8] 杨菊华，王毅杰，王刘飞，等.流动人口社会融合："双重户籍墙"情景下何以可为?[J].人口与发展，2014，20（03）：2—17，64.

的人群和潜在的外出流动者来说，在老龄化社会的背景下，如果其就业和收入没有得到保障，他们可能会面临着来自自身生活发展、家庭养老以及子女养育等多个维度的压力。因此，应加强对流动人口收入与就业问题的关注，将其置于家庭发展和社会融合的框架中进行分析。

四、流动人口内部差异性凸显

以往研究指出，流动人口是一个具有选择性的群体。从流出地的角度来说，男性、青壮年、学历高者、健康状况较好者通常是外出的主力军；从流入地的角度来说，人口流动把较高的人力资本带到了城市，有效地弥补了流入地劳动力资源的不足，并促进了流入地的经济发展。就业和经济收入是一个人的安身立命之本，对于流动人口而言，无论是出于短期内提升收入的目的还是基于在流入地长期发展的目的，经济效益最大化是其根本追求。但流动人口在流入地通常面临来自劳动力市场、制度规定等多方面的障碍，是他们面临扩大职业选择、提升收入的"天花板"。

从流动人口内部结构来看，差异性逐渐凸显。近10%的农民工已经出现了"去农民工化"特征，成为技术精英（高级技术人员）、管理精英（中层及以上管理人员）或私营企业主。30%左右的农民工从事的职业呈现出"去体力化"或"去农民工化"的特征。进一步分析表明，农民工职业具有明显的性别和代际区隔。[1]

针对2010年第六次全国人口普查数据的分析显示，乡城流动人口和城城流动人口在年龄、受教育水平、行业职业结构等关键变量上均有显著差异。流动人口内部具体表现为城城流动人口受教育水平较高，平均受教育年限为12.12年，高于全国8.8年的平均水平，其中39.35%为大专以上学历；乡城流动人口的平均受教育年限为9.45年，低于城城流动人口。在受教育水平的增长上，与2000年相比，城城流动人口增长了1.56年，乡城流动人口增

---

[1] 符平，唐有财，江立华. 农民工的职业分割与向上流动[J]. 中国人口科学，2012（06）：75—82，112.

长了1.18年。①且流动人口内部受教育程度性别差异正在缩小，男性流动人口在受教育程度上的相对优势正在逐渐消失；同时较新的流动人口队列也表现出更高的平均受教育水平，这一变化作用在就业和收入上可能会显示出与老一代流动人口不同的职业获得路径。②

在职业分布上，乡城流动人口主要集中在产业工人和服务业中，城城流动人口的职业分布虽较为分散，但是职业类别相对较为高端，从事职业前3位为商业、服务业人员，专业技术人员和生产、运输设备操作人员，有关人员；办事人员比例也达到了12.7%。③可以看出因户籍类别的不同，流动人口内部的受教育结构、职业结构分布出现了分化，而这一分化为接下来流动人口的就业与收入分析提供了切入的新视角。

五、人口迁移和流动的选择性

在关于人口迁移和流动的研究中，"谁在流动"是一个非常关键的问题。雷文斯坦在提出迁移定律的同时提出了移民的选择性问题，李在推拉理论中提出了移民的选择性特点。由此可见，移民或者流动人口并不是一个随机性的群体，而是经过了选择性机制，具有某些特征的劳动者成为流动人口，并且这一自选择机制对移民或流动人口的收入产生了重要影响。对于流动人口选择性机制的回顾将有助于进一步分析流动人口在流入地的职业选择行为和收入水平的分布。

众多学者对国际移民现象进行了广泛的实证研究。其中比较突出的有美国的墨西哥移民研究、欧洲的移民研究、非洲移民研究等，近年来，亚洲国家的移民研究也受到了重视。国际迁移研究中发现的影响迁移决策的因素较多，比较经典的有人力资本、家庭结构、地区间的经济收入差异、

---

① 马小红，段成荣，郭静. 四类流动人口的比较研究［J］. 中国人口科学，2014（05）：36—46，126—127.
② 郑真真. 中国流动人口变迁及政策启示［J］. 中国人口科学，2013（01）：36—45，126—127.
③ 马小红，段成荣，郭静. 四类流动人口的比较研究［J］. 中国人口科学，2014（05）：36—46，126—127.

移民的社会网络等，国内冲突、环境导向、生活方式选择等因素也被纳入国际移民决策的研究，如关于国内冲突对国际移民的研究发现，冲突水平对移民的作用是非线性的，低水平的冲突降低流动的可能性，但高水平的冲突会增加流动的可能性。

从个体角度来看，经济收入、工作机会等是影响迁移决策的主要动因。对欧洲1980—2004年的国际移民研究表明，移民流主要受到了经济动力的影响，尤其是劳动力市场的影响，宏观层面的文化因素也会对移民产生影响。个体层面的迁移决策影响因素主要可以由新古典经济学理论来解释，个体会衡量流动前后的价值期待，根据最大化自我效用命题，个体会为了追求更高的工作收益而发生迁移和流动。同时，教育程度作为一项重要的人力资本，也对迁移的可能性产生了正向的影响。国际移民的健康选择性被广泛讨论，对此有健康移民假设和三文鱼偏误假设两种解释路径。研究结果显示，在移民的健康选择性问题的国际研究中，迁移者的健康水平要优于迁出地居民，在一系列健康指标上移民也优于本地居民，如处于较低经济地位的拉丁移民在死亡率指标上具有优势。从总体上看，个体层面更多地受到经济推动力的影响而做出迁移决策，而这种迁移本身也会扩展个体的工作机会。

从家庭角度来看，老人照料、配偶和兄弟姐妹的外出状况以及移民后的预期都会对个体的迁移决策产生影响。从亲属关系的角度来看，欧洲的女性劳动迁移者更多地受到家庭中女性亲属的鼓励而进行迁移。从家庭效用的角度来看，最大化家庭幸福感的命题更适用于短期外出的已婚男性，而最小化家庭风险命题对于已婚男女的长期外出流动最有解释力，家庭月收入越高迁移的可能性越大。从亲属照顾的角度来看，出于照顾老人的考虑，已经有兄弟姐妹外出的家庭更不可能进行新的迁移活动。而婚姻结构也会影响迁移决策的形成，研究表明，在同一时间点上未婚人群比已婚人群的流动意愿要高，离婚或独居的人也比已婚的人流动几率要高。由此可以看出，家庭因素对迁移决策的影响是复杂多样的，正因为个人与家庭密不可分的关系，家庭的各个要素在个体的迁移决策形成过程中都会发生作用，相互交织形成复杂的影响机制。

但也有针对特定地区的研究表明，有的移民行为并没有经过家庭这一环节，而是一种纯粹的个人行为。有学者对厄瓜多尔移民的研究表明，自20世纪90年代开始，厄瓜多尔开始了一种新的移民模式，这些新移民的移民决策很大程度上与他们的跨国社会网络无关，他们的移民决策是以一种个人的和草率的方式做出的，家庭在这里并没有发挥很大的作用，移民者也没有同家人或亲近的朋友讨论过移民决策。而他们一旦移民成功，会作为先行者为亲戚和朋友的移民提供激励。

因此，从总体上看，移民的动力机制多种多样，部分影响因素在多数研究中得到了较为一致的结论，如教育和健康的选择性；但有些因素的影响机制还在争论之中。由于各个国家的社会经济状况各不相同，其移民政策也不尽相同，因此移民的动力机制在国家间会有不同的作用模式，同时也会随着时间发生变化。

从总体上看，我国流动人口并不是一个均质的群体，其内部存在异质性，在流动决策做出的过程中我国农村劳动力进行了选择性转移。[1]影响中国乡城流动的因素可以从个体、家庭、社会等几个层次来看。个体方面主要有就业驱动、增加收入等因素，家庭层面主要有提高家庭收入、家人团聚、家庭发展、社会网络等因素，宏观社会层面包括农村剩余劳动力、城乡和地区间的收入差异、城市接纳能力、政策导向等因素。[2][3]从迁入地来看，中国流动人口迁入地的选择受到政府和市场双重力量的影响。[4]我国仍存在较大的城乡收入差距和地区收入差距，省内人口流动和省级人口流动都受到城乡收入差距的拉力影响，这说明市场作为一项重要机制影响着人们的迁移和流动决策。在新古典经济学的理论假设下，这种经济拉力的作用更加明显。

从个体角度来看，个体的社会人口学特征会影响其流动的可能性。研究

---

[1] 郭熙保，黄灿. 刘易斯模型、劳动力异质性与我国农村劳动力选择性转移[J]. 河南社会科学，2010，18（02）：64—68，218.

[2] 蔡建明，王国霞，杨振山. 我国人口迁移趋势及空间格局演变[J]. 人口研究，2007（05）：9—19.

[3] 胡金华，陈丽华，应瑞瑶. 农村劳动力迁移的影响因素分析——基于社会网络的视角[J]. 农业技术经济，2010（08）：73—79.

[4] 刘涛，齐元静，曹广忠. 中国流动人口空间格局演变机制及城镇化效应——基于2000和2010年人口普查分县数据的分析[J]. 地理学报，2015，70（04）：567—581.

第一章 绪 论

表明在乡村地区,年龄对流动有负向影响,年龄越大,迁移流动的可能性越低;女性比男性更不容易流动;婚姻降低了流动的可能性。[①②]流动人口群体具有较强的年龄选择性。有研究者基于第五次全国人口普查和第六次全国人口普查数据,推算出分城乡、性别的人口转移规模,在少儿时期人口转移量较少,在20岁左右达到峰值,30—45岁保持在较高水平,55岁以后逐渐下降,可以看出乡城流动人口以18—50岁为主,主要为劳动年龄人口外出流动。[③]

个体要素中人力资本的选择性受到了较多的讨论,人力资本的形式主要表现为受教育程度和健康状况。对于受教育程度影响人口流动的选择性,有不同的研究结果。部分研究支持教育的正向选择机制,即受教育程度越高的个体越有可能外出流动。[④⑤]有研究者认为教育的正向选择性并不明显,甚至出现了消退。例如,基于四川省1994和1995年调查数据的研究发现,受教育年限较高的劳动者反而更愿意留在农村的非农部门工作。[⑥]对我国乡城劳动力流动对农村居民教育的选择性及其变化的研究发现,20世纪80年代,乡城流动对教育具有较强的选择性。此后随着人口流动规模不断扩大,乡城流动对教育的选择性开始下降。21世纪以来,各学历劳动力的乡城流动概率普遍提高,乡城流动对教育的选择性进一步降低。[⑦]还有研究者认为,不同教育阶段的作用不同,教育选择性并不是线性的,而是非线性的;小学低层级教育具有促进农村劳动力向外流动的作用,而更高层

---

① 农村劳动力外出就业决策的多因素分析模型[J]. 社会学研究,1997(01):27—34.
② 唐家龙,马忠东. 中国人口迁移的选择性:基于五普数据的分析[J]. 人口研究,2007(05):42—51.
③ 孟向京,姜凯迪. 城镇化和乡城转移对未来中国城乡人口年龄结构的影响[J]. 人口研究,2018,42(02):39—53.
④ 王志刚. 耕地、收入和教育对农村劳动力转移的影响[J]. 农业技术经济,2003(05):10—13.
⑤ 柳建平. 影响贫困地区农村劳动力流动决策因素的特征分析[J]. 人口与经济,2010(05):8—14.
⑥ 郭熙保,黄灿. 刘易斯模型、劳动力异质性与我国农村劳动力选择性转移[J]. 河南社会科学,2010,18(02):64—68,218.
⑦ 牛建林. 改革开放以来乡城劳动力流动对农村居民教育的选择性及其变迁[J]. 劳动经济研究,2014,2(04):121—140.

级的教育具有促进农村劳动力本地就业的作用。[1]

关于中国流动人口的健康选择性的研究正在逐渐增多，其研究结果比较一致，总体上认为越健康的个体更有可能外出务工，但也有研究者指出，中国流动人口的健康选择机制的效应会随时期的变化而变化，这种变化可能与中国经济改革背景下剧烈的社会经济、政策变动有关。对于流出人口的健康移民假设检验结果是自评为很健康的人更容易流动，也流动得更远，同时在流动后自评健康指标上流动人口优于城镇居民。[2][3]关于三文鱼偏误的研究结果表明自评健康更差的流动人口更有可能返迁或回到迁出地附近。[4]

从新迁移经济学的角度来看，个人的收益并不是流动决策的全部影响要素，家庭内部因素同样会影响流动决策的做出。从家庭经济水平层面来看，20世纪90年代的调查数据显示，农村地区家庭所拥有的土地面积越大，家庭成员流动的可能性越低，农业税对流动有正向作用，但作用很小，取消农业税后这项影响也就相应消失了。相对收入、绝对收入较低的家庭其劳动力外出流动的可能性更高。[5]从家庭成员的层面来看，家庭劳动力数量对流动有正向影响，学龄儿童数量对流动有正向影响，家中是否有14岁以下儿童同样也表现出负向的阻碍作用；家中有65岁以上老年人口对流动表现出负向的阻碍作用，但若成年子女有兄弟姐妹可以照顾患病的父母，则父母患病对于成年子女外出流动打工的阻碍作用会降低。[6][7][8]

---

[1] 黄斌，徐彩群，高蒙蒙. 教育是促进农村劳动力外出就业还是本地就业 [J]. 农业技术经济，2014（08）：37—43.

[2] 齐亚强，牛建林，威廉·梅森，等. 我国人口流动中的健康选择机制研究 [J]. 人口研究，2012，36（01）：102—112.

[3] 郭燕枝，王秀丽，程广燕，等. 户主和家庭成员外出务工行为研究——基于河南、四川粮食主产县与非主产县的实证 [J]. 农业技术经济，2015（09）：99—106.

[4] 牛建林. 人口流动对中国城乡居民健康差异的影响 [J]. 中国社会科学，2013（02）：46—63，205.

[5] 潘静，陈广汉. 家庭决策、社会互动与劳动力流动 [J]. 经济评论，2014（03）：40—50，99.

[6] 周皓. 中国人口迁移的家庭化趋势及影响因素分析 [J]. 人口研究，2004（06）：60—69.

[7] 周皓. 流出人口与农村家庭户特征——基于流出地的分析 [J]. 市场与人口分析，2007（02）：16—25.

[8] 柳建平. 影响贫困地区农村劳动力流动决策因素的特征分析 [J]. 人口与经济，2010（05）：8—14.

第一章 绪 论

地区条件也会对人口流动决策产生影响。农村非农产业发展比较好的地区，能够吸纳当地劳动力，外出就业比例小。农业生产力低的地区，外出就业成为该地区农民改善生活条件的理性选择。[1]地区的人口与经济状况也会对人口流动产生影响，人均耕地面积对村民外出务工有比较显著的正向影响，流出省份人口规模越大，流动人口规模也就越大，但流入省和流出省之间的距离越远，该方向上的流动人口数量反而会减少。[2][3][4]在省际迁移的影响因素中，迁出省份的人均GDP、迁出省份的总人口、迁入省份的人均GDP和迁移存量是表现最为突出的因素。[5]而流入地城市公共服务能力及相对收入水平是吸引外来人口的首要因素，服务水平越高越能够吸引流动人口，城市公共服务保障程度的提升会增强农民工的落户意愿。[6][7]地区条件作为附加在个体身上更高一层的变量，从较为宏观的角度影响了个体流动决策的形成。

如上所述，可以看出影响劳动力人口做出流动决策的因素复杂多样，影响机制在不同时期、不同地点也表现各异。例如地区间的经济发展差异、户籍制度因素、受教育水平、健康状况、家庭结构等要素都会对流动决策产生影响。其中，教育、健康等要素的作用还在进一步的争论中，要素的作用机制会随着时期的变化而变化，这一点值得在研究中进一步拓展。

---

[1] 苏志霞，杨忠敏. 京津周围地区农村劳动力外出就业实证研究［J］. 人口与经济，2004（06）：47—51.

[2] 陈阿江. 农村劳动力外出就业与形成中的农村劳动力市场［J］. 社会学研究，1997（01）：35—43.

[3] 张广胜，周娟. 农民外出务工影响因素的实证研究——基于沈阳村级层面的调查［J］. 农业经济问题，2009（03）：37—42，110.

[4] 巫锡炜，郭静，段成荣. 地区发展、经济机会、收入回报与省际人口流动［J］. 南方人口，2013，28（06）：54—61，78.

[5] 刘生龙. 中国跨省人口迁移的影响因素分析［J］. 数量经济技术经济研究，2014，31（04）：83—98.

[6] 李拓，李斌. 中国跨地区人口流动的影响因素——基于286个城市面板数据的空间计量检验［J］. 中国人口科学，2015（02）：73—83，127.

[7] 俞林伟，韩辰，金杰克，等. 生计资本对农民工居留和落户意愿的影响——基于2017年全国流动人口动态监测调查数据的分析［J］. 浙江社会科学，2023（02）：64—73，157.

第二节 研究意义

随着我国流动人口规模、分布、流动模式的不断变化，流动人口在流入地的就业行为、社会保障、医疗卫生、住房保障等问题都受到了广泛的关注。特别是在当前新型城镇化背景下，流动人口数量持续增加，就业与收入对于提升流动人口在流入地的社会融合水平、促进流入地经济发展来说是非常关键的要素。

流动人口是我国劳动力市场不可或缺的重要组成部分，人口流动是与国家的社会经济发展密切相关的。人口迁移和流动的动机以经济目的为主，对于人口流入高度集中的区域来说，流动人口为地区经济发展带了正向效应。从流入地的角度来看，人口流动给流入地带了较高的人力资本存量进而促进了当地的经济增长。[1][2]例如，针对上海市的研究发现，上海市外来劳动对经济增长率的贡献率已超过户籍劳动的贡献率，这说明流动人口正在为流入地源源不断地贡献经济发展的动力。[3]

从微观上看，流动人口在流入地进行就业，一方面提升了自身的经济收入；另一方面他们成为潜在的实现市民身份转化的群体，已有大量研究关注流动人口在流入地的就业、参保、居住条件、公共卫生服务、居留意愿等社会保障和社会融合状况。《"十四五"新型城镇化实施方案》提出，"各城市因地制宜制定具体落户办法，促进在城镇稳定就业和生活的农业转移人口举家进城落户，并与城镇居民享有同等权利、履行同等义务"，并在提高农业转移人口劳动技能素质、强化随迁子女基本公共教育

---

[1] 段平忠. 人力资本流动对地区经济增长差距的影响[J]. 中国人口·资源与环境, 2007 (04)：87—91.

[2] 吴瑞君, 曾明星. 人口迁移流动对城乡社会发展的影响[J]. 人民论坛, 2013 (11)：10—12.

[3] 杨胜利, 高向东. 外来从业人口对流入地经济发展的影响研究——以上海市为例[J]. 经济体制改革, 2012 (06)：66—69.

第一章 绪 论

保障、强化农民工劳动权益保障、完善农业转移人口市民化配套政策方面提出了具体举措。高质量的基本公共服务是吸引流动人口长期居留的重要因素，以经济目的外出的流动人口，特别是具有长期居留意愿和发展意愿的流动人口，只有在流入地获得较为稳定的工作，才有可能实现后续的一系列城市生活保障，促进其融入流入地城市。因此流动人口在流入地的就业与收入问题值得关注。

在以往研究中，关注的多是农业户籍流动人口和流入地本地人口在工资收入、社会保障、医疗教育等方面的差异，而基于流动人口内部户籍差异的视角，可以看到流动人口本身因为户籍不同而呈现出的不同特征，这些特征很可能对其经济行为产生影响。从户籍差异角度出发研究流动人口内部的差异性，一方面将其视作流动人口内部的再分组；另一方面将这一差异性作为研究要素，考察流动人口是否因为其内部的差异性而导致其在流入地的就业、收入、后续发展呈现出不同的路径。从流动人口内部差异性的视角切入，不仅是对流动人口内部新特征的及时把握，还能够呈现出与以往不同的研究角度，从群体内部比较的视角加深对流动人口这一群体的理解和认识。

随着新型城镇化和户籍制度改革的不断推进，为流动人口在流入地享受均等化的基本公共服务提供了保障，同时也给流动人口打破户籍制度壁垒创造了新的条件，有力推进流动人口在其流入城市落户，成为新市民。在这一背景下，流动人口的流动与收入情况，对于其自身发展、流入地经济发展以及未来实现向新市民身份的转变都有重要的意义。因此，本书将围绕流动人口的职业获得和收入过程，从流动人口内部差异性的角度出发，通过对流动人口职业获得、收入水平的分析，勾画出流动人口就业与收入情况在新时期的发展状况。

随着经济转型的进一步深入，流动人口规模出现了新变化，流动人口内部也出现了职业分化和收入分化。这些新现象表明，外部宏观社会环境的变化与流动人口内部的变化是紧密联系的，流动人口在新形势下如何进行就业选择，他们是否还是大众传统认知中从事低端行业的"农民工""打工者"？本书希望从流动人口内部的差异性入手，分析流动人口内部的经济地位分化现象，以说明流动人口并不是一个均质的群体，其内部的分化会给一部分人带来向上流动的机会，但也会使一部分人在群体内部就已经受到制度壁垒的影响，并进一步阻碍其获得与自身能力相匹配的经济回报。

流动人口本身是具有高度正向选择性的群体，但仍受到户籍制度和城乡二元体制的束缚。若从反事实的角度来看，如果没有户籍制度的限制，那么流动人口是否会在流入地的劳动力市场中获得更高的职业地位和收入水平，从而进一步提高其社会经济地位？因此，本书希望从社会分层的经典要素——职业和收入出发，讨论流动人口群体内部的劳动力市场表现情况。进一步想说明的问题是，流动人口群体内部已然存在结果不平等现象，而户籍制度在这种内部不平等中扮演了怎样的角色？流动人口一方面受到非本地户籍的融入障碍，另一方面在内部也产生了分化。其内部分化的具体表现大体上可以分解为两个部分：一部分为可以通过后天努力进行改变的受教育程度；一部分为户籍的区分，是外生的要素。在对这个关系进行讨论时，值得分析的是教育要素所代表的市场化逻辑在流动人口内部是否仍会受到户籍制度的影响，以及这一影响如何对流动人口就业状况和就业质量产生影响。

第三节　研究问题与章节安排

在经济改革进一步深化的背景下，我国产业结构转型与劳动力在不同产业部门之间的转移和流动人口的就业密切相关。从流动人口群体内部来看，其数量、年龄结构以及受教育结构都发生了较大的变化；从流动人口的来源来看，城城流动会成为未来重要的人口流动现象。而流动人口的就业和收入情况与他们的社会经济地位紧密相连，关系到他们长期的发展，因此对流动人口的就业和收入具有重要的现实意义。本书关注流动人口内部的差异性，特别是户籍差异这一制度化要素对他们劳动力市场表现的影响。因此，针对流动人口在流入地的就业过程提出以下几个研究问题：

第一章　绪　论

1. 流动人口内部的户籍差异是否影响了职业获得？
2. 流动人口的教育收入回报如何？是否存在户籍差异？
3. 流动人口的教育健康回报水平如何？是否存在群体内部异质性？
4. 流动人口是否因其内部户籍类别的不同在劳动力市场中遭遇了收入歧视？
5. 流动人口的工资户籍差异体现在哪些维度上？

为了说明以上研究问题，本书共分为九章，以下是每章的内容安排。

第一章为绪论，阐述了流动人口就业与收入研究的背景与意义，在我国经济体制改革不断推进的过程中劳动力市场出现了多种形式的分割形式，流动人口内部的异质性和选择性逐渐凸显。在此基础上，本书从流动人口内部差异性的视角入手，关注代表了社会制度性要素一端的户籍类别变量和代表了市场化投资—回报一端的受教育水平变量如何对流动人口的就业过程和收入水平产生影响，并对制度壁垒和人力资本回报在流动人口内部呈现出的关系进行讨论。

第二章是理论回顾和文献综述，主要针对人口流动现象的成因、劳动力市场分割以及劳动力市场歧视进行了理论回顾，同时对流动人口职业获得和收入影响因素的实证结果进行了综述。根据劳动力市场分割理论，流动人口在劳动力市场中存在分流现象，同时从已有关于流动人口和劳动力市场的研究来看，由户籍造成的制度性壁垒确实存在，而以往较多的研究集中在流动人口与本地人口的比较上，对于流动人口内部差异化及其后果的讨论较少。因此，本章基于劳动力市场分割理论以及制度性壁垒的社会背景，采取基于流动人口内部的户籍差异的视角，在接下来的分析中讨论流动人口职业获得以及教育回报的内部差异性。

第三章阐述了本书的研究设计，主要从数据来源与变量选择、研究框架、研究方法与模型设定几个方面进行了较为详细的介绍。本章将详细阐述研究中的变量选择和操作化，为后续的分析做准备。本书将使用综合性型社会调查数据进行分析，根据研究问题的不同将采用logistic回归、稳健回归、分位数回归、倾向值匹配、工具变量法等多种方法进行结果的估算。

第四章针对流动人口职业获得问题进行分析。根据劳动力市场分割理论，和以往关于流动人口职业获得的研究，本章将从户籍和教育的角度进行流动人口的职业获得分析。主要想回答的问题是，流动人口的职业获得是否受到户籍要素的影响？哪些因素能够帮助流动人口获得更为稳定、更加有保障的工作？由此对流动人口的内部就业分化状况进行分析。

第五章针对流动人口线性教育回报问题进行分析。由于大部分流动人口外出的目的在于进行劳动就业，那么收入水平为就业行为的直接后果之一值得关注。而受教育水平是人力资本的重要组成部分，通常也是个体实现向上社会流动的重要影响因素之一。本章希望讨论教育回报在不同户籍流动人口之间的作用是否有差别；基于人力资本投资—收益理论，进一步分析不同户籍的流动人口能够从哪一个或几个教育阶段中获得较大的经济回报。因此这一部分的分析将聚焦于受教育水平对流动人口收入的影响以及在不同户籍类别之间其效应是否有差别。

第六章针对流动人口高等教育回报情况进行分析。基于城城流动增多、流动人口中受过高等教育的比重不断增加的新趋势，对流动人口高等教育回报的研究具有重要的现实意义。本章将高等教育进一步细化为从大专到研究生的不同层级，将高等教育质量纳入研究范围，分析流动人口高等教育整体回报以及分层级的高等教育回报情况。

第七章将研究视角扩展到青年流动人口教育健康回报领域，从更广义的人力资本视角对受教育程度如何影响流动人口健康指标结果进行分析。较好的综合健康水平是人力资本含量的重要体现，也是流动人口实现高质量就业的重要保障。因此，本章使用流动人口动态监测调查的社会融合模块数据，对教育因素在多种健康指标上的影响作用进行分析。

第八章主要针对流动人口内部的工资户籍差异现象进行分析。根据流动人口收入的实证研究，在流动人口内部存在着不同类别的工资歧视，如性别歧视、户籍歧视等，本章将分析各部门内部流动人口遭受的工资户籍歧视如何，并进一步分析不同部门内部和不同代际之间的流动人口收入水平的户籍差异，以说明流动人口在劳动力市场中的工资户籍差异是体现在多个维度中的。

第九章对本书的内容做出总结与讨论，通过对第四至第八章从流动人口的职业获得、教育回报、工资户籍差异三个方面的分析进行总结，归纳本书得出的基本结论，同时对本书的创新之处进行讨论。在进一步讨论中，指出本书在研究上仍存在的不足以及今后可以改进的方向。最后将结合新型城镇化战略等政策内容，进一步讨论流动人口在城市劳动力市场中的位置将如何受到影响，可以在未来进一步就政策实施的效果是否会因流动人口内部的差异性而不同进行分析。

第二章 理论回顾与文献综述

本章通过对人口流动相关理论、中国市场转型及其后果、劳动力市场回报三个方面进行文献回顾，为流动人口就业与收入研究提供相应的理论基础。

首先，对人口流动相关理论进行介绍，从国外关于乡城人口流动和国际移民研究、宏观人口迁移理论等多个角度说明流动人口产生和持续的原因。接下来对中国劳动力市场分割状况进行回顾，以说明在市场转型后期流动人口面临的劳动力市场形态如何。在劳动力市场分割的基础上进一步讨论现在有的劳动力市场歧视现象，说明流动人口在进行外出务工的过程中因其户籍身份而遭遇到劳动力市场歧视的现象。其次，对流动人口的职业获得和收入影响因素的已有研究进行综述，以获得流动人口就业状态是如何被多种要素所形塑的。最后，在此基础上提出流动人口高质量就业研究的基本思路，为本书接下来进行的分析进行铺垫。

第一节 人口流动理论的源起：刘易斯二元经济结构理论

人口流动的相关理论可追溯至19世纪，自彼时开始人口流动研究有规律可循。这些理论解释了人口为什么会产生流动现象，最开始是对工业革命后发达国家内部由乡村向城市的人口流动现象进行解释，进一步扩展到发展中国家的内部人口流动。现代国际移民现象自20世纪中后期开始在世界范围内越来越活跃，有一系列理论从微观到宏观多个角度对这一现象的产生和持续进行解释。以上理论是针对人口流动现象本身的理论解释，主要是流动决策的做出和迁移流为何会持续。从人口流动的宏观发展阶段的角度来看，泽林斯基的人口转变假说从国家发展的角度为人口迁移和流动做出了判断。

一、刘易斯二元经济结构理论的主要观点

英国学者雷文斯坦在1885年、1889年发表了两篇同名文章"The Laws of Migration"，提出人口迁移的七条规律以来，人口迁移研究便进入了有规律可循的时代。随着世界经济格局的不断变化，各个国家内部的经济市场也开始发生转变，后续学者提出了越来越多的理论来解释人口迁移和流动现象的产生和持续。其中，最根本的一个研究问题：人们为什么会迁移和流动？对于这一问题的回答，人口学中最重要的宏观理论是推拉理论。推拉理论将迁移的动力机制区分为推力和拉力，后续的众多理论和实证研究都是建立在这一理论的基础上不断发展变形而来的。

推拉理论是西方学者建立在工业革命的历史背景上的解释框架，其分析对象是发达资本主义国家的人口迁移现象。这一理论模型在部分发展中国家可能并不适用，因此人口迁移理论在解释发展中国家内部的人口迁移与流动行为上有了新进展。在研究发展中国家的国内乡城人口流动现象时，产生了刘易斯二元经济结构理论、拉尼斯—费景汉模型、托达罗模型等一系列理论。这一系列理论由推拉理论出发，以新古典经济学个人利益最大化假设为核心，以二元经济模型为起点，不断发展深化，同样是在解决为什么迁移这一核心问题。

二元经济的概念最早是由英国学者伯克提出的。伯克在对19世纪印度尼西亚的社会经济状况进行研究后，于1953年出版了《二元社会的经济学和经济政策》一书。[①] 20世纪50年代初，发展经济学家刘易斯把推拉理论用来解释发展中国家的农村—城市人口迁移活动，由此构建二元经济结构理论。

在1954年发表的《Economic Development with Unlimited Supplies of

[①] 郭文杰. 国外学者关于二元经济理论的研究综述[J]. 广东商学院学报，2007（06）：4—10.

Labour》一文中,刘易斯着重讨论了国家经济发展、资本和剩余劳动力之间的关系,提出"两个部门结构发展模型"的概念。即在发展中国家存在传统的自给自足农业经济体系和城市现代工业体系两种不同的经济体系,这两种体系构成了"二元经济结构"。当国家的人口增长超过自然资源供给时,部分劳动力的边际生产力可以被忽略不计,或是为零甚至为负,在传统经济部门中出现大量剩余劳动力。而在城市现代经济部门中,只要所支付的劳动力价格比农业部门的收入略高,农村剩余劳动力就会选择到现代经济部门去工作,导致大量农村劳动力向城市涌入。但现代资本主义生产部门不会无限期地按照这一模式发展,当资本积累的速度超过人口增长速度时,剩余劳动力供给行将枯竭,同时部门的最低工资将上涨,这时周边地区的剩余劳动力会填充到城市生产部门中。虽然大量未经训练的劳动力会提高人均产量,但其工资还是会维持在最贫穷的国家的最低工资水平上。[1]因此,现代经济部门在增长和扩大的过程中,可以用不变的工资水平不受限制地获得所需要的劳动力供给。发展中国家的经济发展,在很长时间内将呈现出一种二元经济格局。[2]

刘易斯在1958年发表的《劳动力无限供给》一文中,进一步提出国家经济发展的两个阶段。在第一阶段中,只要劳动力在稳定的工资水平下持续供给,利润将和国家收入一起增长,储蓄率进一步提高,国家经济收入的增加率就会加速。但当资本发展追赶上劳动力供给的速度,劳动力供给将变为非弹性的,现代经济部门的发展把传统经济部门的剩余劳动力吸收殆尽,此时将进入经济发展的第二个阶段。剩余劳动力被吸收完的这个时点,被称为刘易斯转折点。在进入第二个阶段后,古典主义经济学的假设将不再适用,进而进入新古典主义经济学解释的框架中。在第二个阶段中,生产的各个要素都处于稀缺的状态,其供给呈现出非弹性的特征,工资水平不再是不变的。此时二元经济增长才逐步被合成为一体化的和均衡的现代经济增长。

---

[1] 林友苏. 人口迁移理论简介[J]. 人口研究, 1987(02): 55—58.
[2] 蔡昉. 中国经济面临的转折及其对发展和改革的挑战[J]. 中国社会科学, 2007(03): 4—12, 203.

综观刘易斯二元经济结构理论，其揭示了发展中国家经济发展过程中的二元部门形态，以传统生产方式获得自给自足经济的农业部门，和采用新技术和资本投资的城市现代生产部门。基于劳动力无限供给假设，资本的不断扩张导致城市现代经济部门的蓬勃发展，在农村出现大量零边际生产力的剩余劳动力时，城市现代经济部门以高于农业生产的最低工资吸引了大量的农村剩余劳动力，由此产生了大规模的乡城人口流动。从推拉理论的角度来看，可以将农村剩余劳动力的零边际生产力看成来自流出地的推力，而城市现代经济部门的最低工资可视为来自流入地的拉力，在对经济利益的追求下，产生了乡城人口流动。刘易斯二元经济结构理论为人口迁移分析提供了理论基础，并将分析对象扩展到了发展中国家，具有深远的意义。

二、刘易斯二元经济模型的扩展及其在中国的应用

（一）拉尼斯-费景汉模型

美国学者古斯塔夫·拉尼斯和美籍华人费景汉对刘易斯模型进行了改进，他们认为刘易斯模型并没有很好地对农业部门展开讨论，同时提出农业生产率提高而出现农业剩余是农业劳动力流入工业部门的先决条件，并根据农业和工业两部门发展的对应关系把两部门经济发展划分为三个阶段。

拉尼斯-费景汉模型意图构建一个欠发达经济由停滞转向自我维持的解释模型，此模型与刘易斯模型的不同之处在于其揭示了二元经济发展中劳动力配置的全过程，并证明了伴随劳动力从农业部门向工业部门的转移，不仅可以获得经济发展，而且可以完全实现商品化。[1] 比刘易斯模型更进一步的是，拉尼斯-费景汉模型认为农业部门为工业部门不仅提供劳动力，还提供农业剩余，如果农业剩余不能满足工业日益扩张的需要，工业扩张就会放慢甚至停滞。[2] 从拉尼斯-费景汉模型对刘易斯模型的修正来看，这

---

[1] 李晓澜，宋继清. 二元经济理论模型评述 [J]. 山西财经大学学报，2004（01）：14—19.
[2] 陆升军. 从刘-拉-费模型看"三农"问题之求解 [J]. 改革与战略，2005（03）：92—94.

一模型进一步扩充了二元经济模型,着重考察了刘易斯模型中鲜被讨论的农业部门,体现了对农业部门的重视,突出了农业部门内部变化对二元经济转型的意义。拉尼斯-费景汉模型认为农业生产率的提高和农业剩余对农村剩余劳动力的供给产生了重要影响,在工业化过程中必须保持农业生产率的同步提高,以此来增加农业剩余和释放农业劳动力,否则工业部门的生产将陷于停滞。拉尼斯-费景汉模型也为发展中国家的经济发展提出了建议,费景汉和拉尼斯认为工业和农业两个部门的平衡增长对避免经济增长趋于停滞是很重要的。[①]

(二)乔根森模型

刘易斯模型和拉尼斯-费景汉模型都是基于古典经济学框架进行分析的,乔根森模型对拉尼斯-费景汉模型的农村剩余劳动力转移的假设提出质疑,并试图在一个纯粹新古典主义框架内探讨工业的扩张是如何依赖农业部门的发展的。他们一般假设工业部门的工资等于边际生产力,而农业部门的工资等于劳动的平均产品,并且劳动力可以在两个部门之间自由流动。[②]

(三)托达罗模型

在经典的刘易斯模型中,假设零边际生产力的劳动力供给是无限的,工业部门能够源源不断地吸纳农村劳动力;其后的拉尼斯-费景汉模型也认为农村劳动力会持续供给,但到达一定阶段后工业部门会出现劳动力供给不足的现象。20世纪60年代末,美国学者托达罗发现亚非拉的许多发展中国家存在着一种矛盾的现象:一方面城市中存在着大量的失业人口;另一方面农村人口持续涌向城市。这一现象与以往人口流动模型中所假设的条件并不相符,以往的人口流动理论不能很好地解释发展中国家人口迁移的现实情况。为了解释这一新现象,托达罗和哈里斯共同提出了哈里斯-托达罗模型,简称托达罗模型,将"预期收入"概念引入人口流动的理论分析,对以往古典经济学模型中的二元经济部门之间绝对工资差是迁移的主要动因这一理论进

---

① 郭文杰.国外学者关于二元经济理论的研究综述[J].广东商学院学报,2007(06):4—10.

② 李晓澜,宋继清.二元经济理论模型评述[J].山西财经大学学报,2004(01):14—19.

第二章 理论回顾与文献综述

行了修正。

托达罗理论认为，在发展中国家，农村人口是否会大量流向城市取决于两个因素：一是城乡劳动者实际收入的差距；二是农村移民在城市中找到工作的机会大小。托达罗模型依旧遵循二元经济部门的宏观框架，基于无农业剩余劳动力的假设来讨论城市工资对农村劳动力经济行为的影响，即认为农业边际生产总是为正并且与农村劳动力规模成反比。

农村劳动力流动决策的形成受到预期收入的影响，预期收入由农业生产收入、流动成本和城市工作收入与城市就业概率的乘积决定，如果城市收入与就业概率的乘积大于农村收入加上流动成本，那么农业劳动者的预期收入为正，会进行流动，否则不会有流动行为。

托达罗模型在刘易斯模型的基础上更新了理论假设，认为乡城流动的驱动因素不是部门间绝对工资之差，而是基于劳动者的预期收入和流动成本的权衡。这一模型通过一系列方程将农村劳动力的流动行为进行量化分析，重点引入了在城市大量失业背景下农村劳动力城市就业的概率分析，将乡城人口流动的驱动因素进一步扩展，来自流入地和流出地的推理和拉力的作用机制更加复杂，相互交织，最终体现在劳动者对"预期收入"的判断上，进而做出是否流动的决策。托达罗的理论发表以后，在国际人口学界引起了广泛讨论。不少人赞成这一理论，认为它反映了发展中国家农村人口向城市迁移的真正原因。但也有一些学者提出了反对意见，他们认为发展中国家的广大农民实际上对迁往城市并没有理性认识，更不会用经济学家的认知范式去事先精确计算"预期收入"，他们在流往城市前并不了解该市劳动者的收入状况，他们的迁移活动基本上都是盲目的行为。[1]

刘易斯模型假定农村剩余劳动力转移方式是彻底的、不可逆的，转移主体是纯粹的经济人。但在中国的经济发展过程中出现了"民工荒"，农村仍有剩余劳动力，同时城镇地区农民工的工资却在上涨的现象，这一点似乎与刘易斯模型的假设不同。对此有学者提出了基于劳动力市场分割的解释。约束性的条件使农民工在城市难以享受与城市为居民等同的福利，从而阻

---

[1] 林友苏. 人口迁移理论简介 [J]. 人口研究，1987（02）：55—58.

碍了进一步的流动，使部分农村劳动力选择留在农村并不外出。[1][2][3]同时有研究者从农业部门的角度出发，认为中国多种农业土地制度并存，城乡分割的户籍制度使非农工作者与家庭很少脱离经济关系，因此刘易斯模型并不完全按适用于中国的经济发展情况。[4]有研究者对刘易斯模型进行改造，提出了一个包括三个阶段的模型，认为"民工荒"实际上是由于农民工的净收入下降了，而净收入的下降又是由"工资黏性"导致的。[5]

托达罗模型将"预期收入"概念引入分析，综合考虑了农村收入、城市收入以及城市就业概率对迁移决策的影响。有研究者认为，托达罗模型的普适性在中国遭遇了三重变异：第一，市场变异，中国二元劳动力市场，农民工多数进入次级劳动力市场；第二，城乡二元户籍制度，现存的二元劳动力市场从本质上来讲不是建立在劳动者人力资本基础上，而是以户籍身份为标准建构起来的"人为二元结构"下的市场；第三，就业信息的不对称，农民工获得就业信息处在弱势，主要通过地缘、血缘、亲缘的方式获得就业信息[6]，因此需要对托达罗模型进行修正。

根据中国劳动力市场分割的现状，由于农村劳动力的人力资本较低，在城市劳动力市场中受到就业歧视等原因，大部分进入城市的农村劳动力主要在城市传统部门就业，城市传统部门的工作已经成为许多农村劳动力向城市迁移的目的地。因此应考虑农村劳动力在城市现代部门和传统部门的就业概率，这是对托达罗模型的进一步细化。[7]

托达罗模型是建立在一次性终生迁移决策的基础上的，这一点需要在

---

[1] 约翰·奈特，邓曲恒，李实，等. 中国的民工荒与农村剩余劳动力[J]. 管理世界，2011（11）：12—27，187.
[2] 李朝晖，李安. 农业剩余劳动力流动的刘易斯模型验证综述[J]. 人口与经济，2011（06）：62—67，72.
[3] 徐刘芬. 新时期我国农村剩余劳动力转移的新特点研究——基于刘易斯模型局限性修正视角的分析[J]. 农业经济与管理，2013（01）：24—28，41.
[4] 伍山林. 刘易斯模型适用性考察[J]. 财经研究，2008（08）：4—16.
[5] 包小忠. 刘易斯模型与"民工荒"[J]. 经济学家，2005（04）：55—60.
[6] 叶普万，周明. 农民工贫困：一个基于托达罗模型的分析框架[J]. 管理世界，2008（09）：174—176.
[7] 卢向虎. 托达罗模型中城市就业概率的修正[J]. 统计与决策，2005（21）：23.

中国的社会背景中加以修正。[1]一些中国学者对托达罗模型进行了修改，把托达罗模型中乡村劳动力的一次性终生决策改为年度性决策，相应地把城乡预期收入比较的对象由托达罗模型中的城（乡）多年预期收入的现值改为城（乡）当年的预期收入。[2][3][4][5]

第二节 人口流动理论的扩展：新迁移经济学等

一、新迁移经济学

经典的迁移理论认为人们迁移的目的是获得自身利益的最大化，这遵循的是古典经济学的经济人假设。但随着时代的变迁和发展，这一理论解释模式逐渐受到了挑战，新迁移经济学认为迁移并不只出于个体效用最大化的考量，而是受到了个人层次之上的单位的影响，特别是家庭因素的影响。具体来说，新迁移经济学认为移民的决定并不只是由个体行动者做出的，而是受到与之相关联的人组成的更大单位的影响，特别是家庭，在这种环境里人们采取集体导向的行动，并不只为了最大化自己的收入，而是为了最小化家庭的经济风险。通过家庭劳动力资源配置多样化，来降低家庭的经济风险，这种行为的意义在于一旦当地的经济状况恶化并不能带来可观的收入时，家庭可以依赖迁移带来的收入生活。

新迁移经济学强调家庭作为更高一级的组织对个人流动决策的影响，不仅仅将迁移和流动作为最大化个人收益的手段，家庭因素被纳入考查范

---

[1] 章铮．从托达罗模型到年龄结构—生命周期模型［J］．中国农村经济，2009（05）：43—51．
[2] 周天勇．托达罗模型的缺陷及其相反的政策含义——中国剩余劳动力转移和就业容量扩张的思路［J］．经济研究，2001（03）：75—82．
[3] 苗瑞卿，戎建，郑淑华．农村劳动力转移的速度与数量影响因素分析［J］．中国农村观察，2004（02）：39—45，81．
[4] 周天勇，胡锋．托达罗人口流动模型的反思和改进［J］．中国人口科学，2007（01）：18—26，95．
[5] 赵武，蔡宏波．我国农村劳动力流动现状研究——关于托达罗人口流动模型的理论修正［J］．郑州航空工业管理学院学报（社会科学版），2007（02）：165—168．

围。Stark等针对迁移中的家庭因素，特别是家庭在当地的经济地位而引发的相对剥夺感进行了研究，其研究发现家庭的相对剥夺感对迁移决策具有重要影响。所谓相对剥夺，是指一个人根据一个内在化的期望生活标准对收入做出的评价。当以此来解释城乡之间的劳动力迁移现象时，迁移决策的做出不仅取决于他们与城市劳动力之间的预期收入之差，还取决于他们在家乡感受到的相对经济地位的变化，以及迁移之后按照当地的期望生活标准感受到的相对经济地位变化。相对剥夺感在移民中扮演了重要的角色，家庭通过选择最有可能获得收入提升的成员进行迁移，这一机制使家庭收入获得了提升。①除了相对剥夺感，Stark的研究指出国际移民决策还受到相对收入和绝对收入预期的影响，通过移民获得的收入预期也在家庭迁移决策中扮演了重要的角色。

在新迁移经济学的理论框架下，移民决策的做出是一个家庭决策的过程，家庭选择出最有可能获得较高经济收益的人进行迁移，是家庭内部的劳动力配置的过程，也是对家庭成员进行选择的一个过程。这一家庭选择机制的目的不仅仅是达到个人的收入最大化，而是加入了家庭因素的考量，需要降低家庭的经济风险，获得家庭经济收入提升的最大化。这也是新迁移经济学所强调的个人要素之上的更高一级单位对流动决策的影响。

二、年龄-迁移率模型

美国人口学家罗杰斯利用人口普查数据，提出基于年龄模式的人口迁移模型，并使用了死亡率方法和出生率方法进行分析，被称为年龄-迁移率模型。

该理论从年龄结构入手为人口迁移提供了理论视角。幼儿阶段迁移率较高，初等义务教育阶段下降较快，但该阶段结束后又迅速上升。20—30岁到达顶峰，之后缓慢下降，到50—60岁退休年龄阶段，又形成一个迁移的

---

① 杨文选，张晓艳. 国外农村劳动力迁移理论的演变与发展［J］. 经济问题，2007（06）：18—21.

高峰。典型的罗杰斯曲线：前劳动力成分（0—14岁），劳动力成分（15—64岁），后劳动力成分（64岁以上）和不受年龄影响的常数成分等四个独立的部分。[1][2]

罗杰斯通过对1974年瑞典人口普查数据进行推算，计算出不同年龄阶段的迁移率水平。在前劳动力阶段，学龄前儿童的迁移率较高，而入学以后，随着年龄的增大，迁移率呈迅速下降趋势；在劳动力成分中，由于这部分人口的年龄跨度较大，迁移率曲线并非一味地上升，也不是一味地下降，而是先上升再下降的，并且上扬部分和下滑部分的斜率不尽相同；在后劳动力成分中，在60岁前后的年龄段，迁移曲线呈现较为对称的"铃形"。

三、双重劳动力市场理论

古典经济学理论假设了一个完全竞争的市场，在这样的市场中产出和消费达到了均衡，资源得到了最有效的配置，同时在这一劳动力市场中信息也是完备的，供给方和需求方的信息都是完备对等的。但在现实生活中，完全竞争和信息完备的市场几乎是不存在的，因此新的研究思路指出劳动力市场中工资水平不仅是由利益最大化的原则决定的，也受到了其他因素的影响。有研究发现工资水平在不同的生产部门间存在着显著的差异，这种差异可以被归结为存在着分割的劳动力市场。

双重劳动力市场理论亦称劳动力市场分割理论，以皮奥罗为代表，该理论反对市场同质化，认为存在着双重劳动力市场：一个是初级劳动力市场，这一市场内部工资收入较高，工作者文化程度较高，工作管理规范，具有晋升机会；另一个是次级劳动力市场，这一市场内部报酬低、工作环

---

[1] 朱杰. 人口迁移理论综述及研究进展［J］. 江苏城市规划，2008（07）：83—85.
[2] 严善平. 地区间人口流动的年龄模型及选择性［J］. 中国人口科学，2004（03）：32—41，81—82.

境差，工作不稳定，且缺乏升迁机会。①②

由于两个市场之间缺乏流动，且存在着较大的差别，初级劳动力市场很容易招募到工作人员，次级劳动力市场却缺乏吸引力。由于历史上进入次级劳动力市场的妇女、青少年、有色人种和少数民族等群体在十几年后也成功进入了高级劳动力市场，次级劳动力市场出现了劳动力短缺，此时移民填补了次级劳动力市场中的工作岗位，由此解释了为什么会存在跨境迁移的机会。

四、世界体系理论

世界体系理论由沃勒斯坦提出，该理论关注世界经济发展及其地缘变化。随着经济全球化的发展，世界市场不断扩大，并不断形成、发展为中心国家和边缘国家。多数发展中国家被边缘化，自身的发展过程被中断，成为部分核心国（发达国家）的附属国。发达国家的资本渗透到发展中国家的各个角落，控制了土地、原材料、劳动力和市场，于是双向流动不可避免，在资本向发展中国家扩张的同时，发展中国家的劳动力、原材料等也向发达国家流动。这种劳动力的流动不是工资率差异的结果，而是市场竞争和经济全球化的结果。③④

世界体系理论采取了历史发展的宏观视角，与古典经济学和新古典经济学的视角不同，该理论不再关注国家内部的劳动力市场的分化，而是将视野转向自16世纪以来世界市场结构的扩张，并由此导致了国家间的迁移流。在世界体系理论的视角下，国际移民是资本市场扩张的产物，移民随着商品和资本在国家间的流动而流动。

---

① 张晓青. 国际人口迁移理论述评［J］. 人口学刊，2001（03）：41—45.
② 吴愈晓. 劳动力市场分割、职业流动与城市劳动者经济地位获得的二元路径模式［J］. 中国社会科学，2011（01）：119—137，222—223.
③ 马侠. 人口迁移的理论和模式［J］. 人口与经济，1992（03）：38—46.
④ 盛来运. 国外劳动力迁移理论的发展［J］. 统计研究，2005（08）：72—73.

五、历史发展理论

泽林斯基在1971年的《The Hypothesis of the Mobility Transition》一文中从宏观角度提出了世界迁移活动的五个阶段，把人口迁移、人口转变、工业化和城镇化结合起来，构建了一个宏观的历史性分析框架。其五个阶段主要表述如下：

第一阶段是工业革命前，那时由于人口出生率和死亡率很高，人口增长速度慢，农村不存在剩余劳动力，因此人口迁移活动尚不活跃。

第二阶段发生在工业革命初期，那时人口死亡率开始下降，人口自然增长率提高，使农村出现越来越多的剩余劳动力，这样，大规模的人口迁移活动与城市化运动就出现了。泽林斯基认为目前不少发展中国家仍处于这一阶段。

第三阶段发生在工业革命后期，这时人口出生率开始下降，农村大量劳动力已转移到城市，农村向城市的人口迁移活动已经减少，而其他类型的迁移活动，如城市与城市之间的迁移活动、循环迁移活动等开始增加。

泽林斯基认为目前西方发达国家正处在人口迁移的第四阶段，在这一阶段，农村向城市的人口迁移活动已基本结束，城市之间的迁移活动成为迁移的主要形式。

第五阶段发生在即将到来的后工业化社会，在那时的知识和信息社会里，由于各种通信设施完善，信息系统发达，人们主要将在家庭中从事各项活动，人类的迁移活动又将进入新的不活跃时期[①]。

---

① 林友苏. 人口迁移理论简介 [J]. 人口研究，1987（02）：55—58.

第三节　劳动力市场分割理论及实证研究

一、劳动力市场分割理论的缘起与发展

古典经济学理论假设了一个完全竞争的市场，在这样的市场中产出和消费达到了均衡，资源得到了最有效的配置，同时在这一劳动力市场中信息也是完备的，供给方和需求方的信息都是完备对等的。在这样的市场中，求职者根据收益最大化的原则选择工作，工资水平成为职业选择的决定性因素。但是古典经济学理论完全竞争市场的假设逐渐受到了挑战，现实生活中完全竞争和信息完备的市场几乎是不存在的，因此新的研究思路指出劳动力市场中工资水平不是由利益最大化的原则决定的，而是受到了其他因素的影响。有研究发现工资水平在不同的生产部门间存在着显著的差异，这种差异可以被归结为存在着分割的劳动力市场，劳动力市场不再像古典经济学所假设的是均质的，而是出现了分化。因此，劳动力市场分割理论修正了完全竞争市场的假设，其基本理论假设是劳动力市场不是均质的，多种因素综合影响了差异化的收入水平和工作条件，并且分割不同层级的劳动力市场。分割的劳动力市场不仅仅对应着供给方提供的工作条件、工作待遇存在的差异，从劳动者的角度来看，劳动者本身的素质也决定了其进入不同层级劳动力市场的潜在可能性。

劳动力市场分割理论不仅对市场供应方提出了不均质的假设，同时也将劳动者进行了潜在的划分，不同素质的劳动者对应着不同层级的劳动力市场，并且不同层级的劳动力市场之间存在着流动壁垒，在劳动者不均质的前提下想突破这一壁垒的难度是很大的，特别是由次级市场向初级市场的流动，将承受更大的壁垒压力，如果劳动者在自身素质上没有提高，那么进入更高一级的劳动力市场几乎是不可能的。

劳动力市场分割理论在不同国家有不同的运用结果。西方国家认为其劳动力市场分割是由内生的经济因素所决定的，不同行业对劳动力素质有

不同的要求，所给出的薪资报酬也不同，同时，高端行业为了提升员工的忠诚度，可能会提供高于边际收益所决定的工资水平，以较高的工资来留住其员工，这便是效率工资理论做出的解释。而有些国家的劳动力市场是由外生性的制度因素所造成的分割，如中国的城乡二元体制成为劳动力市场分割的最主要的因素之一。劳动力市场分割带来的结果较为一致，即存在着劳动力市场之间的不平等，以及劳动力市场间存在着流动壁垒。

二、关于中国劳动力市场分割的实证研究

国内学者根据中国的现实情况，运用劳动力市场分割理论对中国的劳动力市场进行了分析。研究结果发现中国同样存在劳动力市场分割的现象。导致市场分割的因素较多，如劳动力在技能和受教育水平方面的非同质性、产业部门、地区差异、单位体质的延续、城乡二元体制等。[1]针对不同的时期特征和中国的劳动市场分割状况研究者做出了不同形式的划分，如正规部门和非正规部门的划分、由于制度性的分割形成的体制内市场和体制外市场，随着市场化的逐步推进，对中国劳动力市场出现了垄断行业—非垄断行业的划分。[2][3][4][5][6]除此之外，也有研究者提出是否接受高等教育成为中国劳动力市场分割的新形势。[7]有研究通过比较劳动力市场中农业流动人口、非农流动人口和城市本地人口的收入水平和劳动力市场歧视程

---

[1] 肖文韬. 劳动力市场分割理论综述及缔约视角的思考 [J]. 人口与经济, 2006（06）: 41—46.

[2] 李萌. 劳动力市场分割下乡城流动人口的就业分布与收入的实证分析——以武汉市为例 [J]. 人口研究, 2004（06）: 70—75.

[3] 武中哲. 双重二元分割：单位制变革中的城市劳动力市场 [J]. 社会科学, 2007（04）: 47—57.

[4] 齐亚强, 梁童心. 地区差异还是行业差异?——双重劳动力市场分割与收入不平等 [J]. 社会学研究, 2016, 31（01）: 168—190, 245—246.

[5] 李路路, 朱斌, 王煜. 市场转型、劳动力市场分割与工作组织流动 [J]. 中国社会科学, 2016（09）: 126—145, 208.

[6] 吴奇峰, 苏群. 行业垄断如何影响代际职业流动 [J]. 山西财经大学学报, 2017, 39（10）: 72—84.

[7] 吴愈晓. 劳动力市场分割、职业流动与城市劳动者经济地位获得的二元路径模式 [J]. 中国社会科学, 2011（01）: 119—137, 222—223.

度，认为中国劳动力市场的分割主要体现在本地与非本地户口之间。从总体上看，虽然在表述上有所不同，但是对中国劳动力市场的划分仍然遵循着制度性分割的思路：一部分市场延续了单位体制时期的特点，这一部分市场相对正规、市场内竞争较小，比较符合古典经济学所假设的均质的、没有完全竞争的市场；另一部分市场则随着市场化的兴起而发展，具有高度的竞争性。

与劳动力市场分割密切相关的是基于部门、行业的收入不平等现象。通过20世纪80年代到21世纪初的调查数据，可以发现垄断部门与竞争部门之间职工收入差距出现了明显扩大的趋势，部门之间收入差距中市场分割因素解释的比重不断上升，而且这主要是由一些收入迅速提高的垄断行业造成的。[①②]使用多层线性模型分析的结果表明，在个人收入的整体差异中，有超过13%的份额是因行业的不同造成的。[③]行业是导致我国居民收入不平等的重要原因，并且随着行业垄断程度的提升，不同受教育程度群体之间的收入差距在进一步拉大。[④]

第四节　劳动力市场歧视理论及实证研究

一、劳动力市场歧视理论

在经济学理论中，差异中不可被解释的部分被认为是歧视因素。对劳动力市场中歧视现象的研究和解释首先从西方国家兴起，早期经济学家关于歧视问题的研究主要集中于不同群体间的收入不平等，例如，研究者关

---

① Démurger S，Fournier M，李实，等. 中国经济转型中城镇劳动力市场分割问题——不同部门职工工资收入差距的分析 [J]. 管理世界，2009（03）：55—62，71.
② 陈钊，万广华，陆铭. 行业间不平等：日益重要的城镇收入差距成因——基于回归方程的分解 [J]. 中国社会科学，2010（03）：65—76，221.
③ 王天夫，崔晓雄. 行业是如何影响收入的——基于多层线性模型的分析 [J]. 中国社会科学，2010（05）：165—180，223.
④ 齐亚强，梁童心. 地区差异还是行业差异？——双重劳动力市场分割与收入不平等 [J]. 社会学研究，2016，31（01）：168—190，245—246.

注到劳动力市场中长期存在着工资的性别差异、种族差异现象。早期研究者对于产生这一现象的原因主要有三种观点：第一种观点认为群体间收入差异是先天遗传要素表现在能力上的差异所致；第二种观点认为收入差异是现实中实际能力差异所致；第三种观点认为即使不同群体间的生产率特征一致，收入差别也是存在的，因为劳动力市场歧视在起作用。这三种观点分别从先天要素、个人能力、市场结构的角度出发，试图对劳动力市场中的男女工资差异、黑人和白人间的工资差异做出解释。[1]

按照对歧视根源和作用机制的看法不同，西方劳动力市场歧视理论大体可分为以下四类：一是歧视的市场竞争理论，主要在完全竞争均衡框架下解释歧视的现象，假设歧视的根源在于个人偏见；二是歧视的垄断模型，认为歧视的根源在于垄断力量，多种类型的歧视都可以使垄断者提高收入；三是统计性歧视理论，认为歧视的原因在于信息的不完全，企业出于利润最大化原则和高效率原则，将求职者的群体特征推断为个人体特征，会使一部分群体遭遇歧视；四是前市场歧视理论，由于前市场歧视的存在，可能诱发被歧视对象的规避性人力资本投资，从而对当前市场歧视产生影响。[2]

从总体上看，劳动力市场歧视的类型比较多样，既有研究一方面描述了劳动力市场歧视的概况，另一方面通过一些经济学的理论框架来解释这种现象。劳动力市场歧视相关理论给收入不平等研究提供了较为广阔的解释空间，但在具体研究中，很难区分劳动力市场歧视究竟是源于雇主偏好还是经济动因。因为关于性别、种族或户籍歧视的经验研究是基于性别、肤色或城乡等标签式特征的，这些特征往往是雇主在做出雇佣决策之前就已经观察到的。[3]特别是对于中国的劳动力市场研究来说，不仅存在着多种形态的劳动力市场分割形态，每一种分割形式都可能是导致收入歧视的来

---

[1] 姚先国，谢嗣胜．西方劳动力市场歧视理论综述［J］．中国海洋大学学报（社会科学版），2004（06）：164—173．

[2] 王天夫，崔晓雄．行业是如何影响收入的——基于多层线性模型的分析［J］．中国社会科学，2010（05）：165—180，223．

[3] 魏东霞，谌新民．企业用工双轨制与劳动力市场歧视——来自广东南海产业工人的证据［J］．世界经济文汇，2016（02）：44—58．

源之一，同时每个劳动力个体都有着基于性别、户籍、受教育程度等多个标签，这让中国的劳动力市场歧视状况变得更加错综复杂。

二、关于中国劳动力市场歧视现象的实证研究

在对中国劳动力市场的研究中，研究结果显示我国劳动力市场中存在着多种歧视的形式，如性别歧视、年龄歧视、户籍歧视、学历歧视、经验歧视和容貌歧视等，其中在工资收入方面体现的歧视尤其明显。①

对于劳动力市场中的收入不平等现象主要有两种解释路径：一种是新古典经济学的人力资本理论，认为收入不平等的主要根源是劳动者在人力资本方面的差异，该理论将收入不平等完全归结于劳动者个体特征的差异，其中个体的教育程度、工作经验、工作时间是重要的变量，被称作"工资竞争模型"；另一种是"空位竞争模型"，该理论认为工资收入的不平等不是由个体特征的差异导致的，而是由于劳动者所处的结构性位置不同而导致的。②这两个理论分别从微观和宏观两个层面对收入不平等现象进行了解释，从劳动力市场歧视的角度来看，个人层面的特征通常被归为可解释的部分，而宏观层面的结构性要素或制度性要素通常被归为不可解释的部分。

对于工资歧视的研究方法以工资分解法为主，其中一类方法是对工资均值差异进行分解，比较常用的有Oaxaca分解、Cotton分解、Brown分解、Neumark分解、Appleton分解等；在群体内部分布的不同位置歧视的表现可能会有所不同，因此另一类是对工资分布进行分解，比较常用的有由JMP1993分解、DFL分解、MM2005分解、FL1998分解、Lemieux分解、Q-JMP分解和FFL分解等。③

---

① 李旭辉，汪燕敏. 基于政府角度的劳动力市场歧视问题研究［J］. 中国劳动关系学院学报，2007（03）：40—43.

② 吴愈晓. 劳动力市场分割、职业流动与城市劳动者经济地位获得的二元路径模式［J］. 中国社会科学，2011（01）：119—137，222—223.

③ 郭继强，姜俪，陆利丽. 工资差异分解方法述评［J］. 经济学（季刊），2011，10（02）：363—414.

第二章 理论回顾与文献综述

各类工资分解法对研究性别间、行业间以及不同群体之间的工资差异有较强的现实意义。在中国社会经济快速发展变化的背景下，各类群体之间的收入差距凸显，收入差异究竟有多大程度能被可观测到的变量所解释，在多大程度上来自不可被解释的歧视，众多研究者使用不同的分解方法对中国的实际数据进行了研究。中国的工资分解研究涉及不同群体，其中以性别差异、流动人口与城镇人口的差异的研究为主。

从性别角度来看，劳动力市场上确实存在着收入的性别歧视现象，例如女性在职场中经常遭遇"玻璃天花板效应"。[1][2]中国劳动力市场上的工资性别歧视逐渐凸显，表现为女性工资普遍低于男性。在实际研究中，有研究使用"中国城乡居民收入分配"课题组住户抽样调查（CHIPS）1995年、2002年和2007年数据，从时期的角度来分析中国性别工资差异的演变情况，研究结果显示，1995年、2002年和2007年性别工资差异中由机会不平等造成的部分分别为68.3%、60.5%、80.3%；虽然我国性别歧视仍有扩大的趋势，但性别之间在教育环境上的机会不平等现象已经有了很大的好转。[3]使用CGSS2006数据的研究也得出了相似的结论，生产力因素可以解释性别工资差异中的1/4部分，但歧视仍是性别工资差异的主要原因。[4]通过对较长时间段的多期横截面数据进行分析，发现女性在工资分布顶端受到的歧视程度低，在末端受到的歧视程度高，这是因为在工资分布末端市场歧视影响程度越来越大，而在工资分布顶端男性和女性的个人特征差异越小。[5]有研究表明，农民工的性别工资差异中有28.1%来自"女子不如男"的性别观念歧视，但是女性可以通过提升工作时间和培训参与率来弥补性

---

[1] 柯宓. 中国城市劳动力市场性别工资差异经验分析［J］. 福建论坛（人文社会科学版），2014（12）：209—214.
[2] 罗俊峰，童玉芬. 流动人口就业者工资性别差异及影响因素研究——基于2012年流动人口动态监测数据的经验分析［J］. 经济经纬，2015，32（01）：131—136.
[3] 马超，顾海，韩建宇. 罗默遇上奥萨卡：机会平等理论下的性别工资差异研究［J］. 浙江社会科学，2014（06）：22—30，155.
[4] 彭竞. 高等教育回报率与工资的性别差异［J］. 人口与经济，2011（04）：51—57.
[5] 葛玉好，曾湘泉. 市场歧视对城镇地区性别工资差距的影响［J］. 经济研究，2011，46（06）：45—56，92.

别歧视带来的收入差距。①基于分位数回归的结果显示，农民工的性别工资差异表现为"天花板效应"，但在工资分布的最高端，性别工资差异又开始缩小。②

还有研究使用Oaxaca分解法对失业者、再就业者和在岗职工之间的收入差距进行了分解。研究结果显示，再就业者在失业前就存在性别的工资差异，而失业经历使这一差异更加显著。③在收入差距分解的过程中，再就业者与未失业者的收入差距约有一半不能被个体特征差异所解释，同时，在高分位数和低分位数工资层面，歧视和不可观测个性特征对工资的影响程度更大。④进一步研究发现，在未失业者与再就业者的收入差距中约40%源于失业经历，约60%源于人力资本的差异。⑤

第五节 我国流动人口职业获得与收入水平影响因素研究现状

一、流动人口职业获得路径及其影响因素

在劳动力市场分割的背景下，对流动人口职业获得过程的研究指出，农民工更多集中在制造业和服务业，所从事的工作主要是与生产和服务有关的职业。⑥流动人口的就业存在部门分割的现象，农村户籍流动人口进入国有部门工作的机会显著低于城镇户籍劳动者，他们更多是被挤迫于城市

---

① 蒯鹏州，张丽丽．农民工性别工资差异及其成因的解释——歧视的贡献到底有多大[J]．农业经济问题，2016，37（06）：43—50，111．
② 王震．基于分位数回归分解的农民工性别工资差异研究[J]．世界经济文汇，2010（04）：51—63．
③ 杜凤莲，范幸丽．失业对性别间工资差异的影响[J]．南开经济研究，2005（02）：12—19．
④ 胡永远．社会救助再就业人群与城镇职工的工资差距研究[J]．数量经济技术经济研究，2014，31（06）：131—141．
⑤ 刘文忻，杜凤莲．失业与中国城镇人口收入差距[J]．经济评论，2008（01）：36—39．
⑥ 邢春冰．农民工与城镇职工的收入差距[J]．管理世界，2008（05）：55—64．

劳动力市场的最低端，而城镇户籍劳动者有更多的机会从事较好的工作，因此对于流动人口来说职业隔离或户籍分割的劳动力市场是确实存在的。[①] 使用2017年中国流动人口动态检测调查数据的研究指出，流动人口的就业选择仍以传统服务业和传统第二产业为主，在高技术制造业和现代服务业等新兴产业就业的比例较低，就业结构仍然偏向传统行业，尚未充分与新兴经济领域形成有效融合。[②]

流动人口所拥有的不同类型的资本对其职业获得的影响机制不同。从人力资本的角度来看，人力资本会增加流动人口进入正式劳动力市场的机会，也有利于在正式劳动力市场获得高的职业地位，增加流动人口就业的稳定性，进而提高收入水平。[③④] 政治资本的作用较弱，有研究认为政治资本只能增加流动人口进入体制内劳动力市场的机会，也只有利于在体制内劳动力市场获得高的职业地位；但也有研究认为政治资本对职业获取并无实质性帮助。[⑤] 社会资本是近年来在流动人口职业获得和收入水平研究中逐渐被关注的要素，研究结果表明，社会资本仅对流动人口获取低端职业有意义，对中高端职业帮助不大。[⑥⑦]

从以上研究结果可以看出，流动人口因户籍身份面临着就业时的职业隔离，具体表现在进入国有部门或体制内部门的可能性低于城镇户籍人口。通过对职业获得影响因素的讨论可以发现，人力资本要素是流动人口能够打破职业隔离较为有效的手段。流动人口内部已经因教育水平产生了

---

① 李骏, 顾燕峰. 中国城市劳动力市场中的户籍分层[J]. 社会学研究, 2011, 25 (02): 48—77, 244.

② 刘振, 戚伟, 刘盛和, 等. 中国城市流动人口就业行业选择分异及影响因素[J]. 地理科学进展, 2023, 42 (06): 1055—1068.

③ 刘丹, 雷洪. 乡—城流动人口就业部门分割及职业地位[J]. 青年研究, 2016 (06): 1—10, 91.

④ 赵维姗, 曹广忠. 农民工就业稳定性特征及职业类型的影响——基于全国13省25县100村调查数据的分析[J]. 人口与发展, 2017, 23 (04): 11—21.

⑤ 符平, 唐有财, 江立华. 农民工的职业分割与向上流动[J]. 中国人口科学, 2012 (06): 75—82, 112.

⑥ 刘丹, 雷洪. 乡—城流动人口就业部门分割及职业地位[J]. 青年研究, 2016 (06): 1—10, 91.

⑦ 赵维姗, 曹广忠. 农民工就业稳定性特征及职业类型的影响——基于全国13省25县100村调查数据的分析[J]. 人口与发展, 2017, 23 (04): 11—21.

职业的分化，高学历劳动力和普通劳动力处于两个分割的劳动力市场中，前者在就业稳定性和收入方面均高于后者。结合流动人口的外出意愿来看，高技能外流劳动力在获得经济回报的同时，还伴随着自我发展意愿，较高的受教育水平在一定程度上能够缓解户籍因素带来的就业隔离和收入歧视，有利于他们实现"发展型"流动。[1]

二、流动人口收入影响因素

（一）户籍要素的影响

户籍制度是流动人口所面临的一道门槛，流动人口因户籍要素而在劳动力市场中遭遇到就业和收入的双重歧视。[2][3] 从职业获得的角度来看，入职户籍门槛在农民工进入公有制单位时产生了阻碍作用，户籍制度造成的职业隔离是导致流动人口收入难以提升的重要原因之一。[4][5][6]

从工资收入的角度来看，户籍歧视造成的农民工和城镇职工工资差异大约占总差异的三分之一，且户籍歧视随地区的变化而变化，东部地区最高，中部地区最低。[7][8] 流动人口内部的户籍差异也会导致工资水平的差距，进一步划分户籍状况来看，是否拥有本地户籍导致了流动人口收入的

---

[1] 杨雪，魏洪英. 就业稳定性与收入差异：影响东北三省劳动力外流的动因分析 [J]. 人口学刊，2016，38（06）：87—98.

[2] 王美艳. 转轨时期的工资差异：歧视的计量分析 [J]. 数量经济技术经济研究，2003（05）：94—98.

[3] 章元，王昊. 城市劳动力市场上的户籍歧视与地域歧视：基于人口普查数据的研究 [J]. 管理世界，2011（07）：42—51.

[4] 田丰. 城市工人与农民工的收入差距研究 [J]. 社会学研究，2010，25（02）：87—105，244.

[5] 魏万青. 户籍制度改革对流动人口收入的影响研究 [J]. 社会学研究，2012，27（01）：152—173，245.

[6] 万海远，李实. 户籍歧视对城乡收入差距的影响 [J]. 经济研究，2013，48（09）：43—55.

[7] 孟凡强，吴江. 中国劳动力市场中的户籍歧视与劳资关系城乡差异 [J]. 世界经济文汇，2014（02）：62—71.

[8] 章莉，蔡文鑫. 中国劳动力市场收入户籍歧视的无条件分位数分解 [J]. 复旦学报（自然科学版），2017，56（01）：12—18，28.

差异。①在讨论工资户籍差异时，有研究者指出，流动人口的社会资本发挥了降低差距的作用，社会资本欠缺可以解释工资户籍差异的1/4，而社会资本回报占优，会导致农民工与城市职工的收入差距缩小30%。②

在本地人口内部，有一部分是通过"农转非"获得了城市户口，这一部分群体为研究户籍对流动人口遭遇的户籍工资歧视提供了一个比较好的实验参照组。关于"农转非"的研究发现，对那些在市场部门就业的倾向得分低的流动人口，如果他们获得了流入地的城市户籍，其小时收入反而会降低；对于那些处于倾向得分较高层次的外来人员来说，他们若能突破户籍制度限制，变成永久移民，带来的收入效应则是非常显著的。③

进一步考虑"农转非"群体内部的户籍差异发现，相对于非"农转非"群体，"农转非"群体无论是在职业的社会经济地位指数，还是在拥有管理技术类职业的概率方面，都具有显著优势。并且这种优势在年龄段之间存在差异，青壮年及之前获得城镇户籍，后续发展会优于非"农转非"群体；而在青壮年之后获得户籍转换的人口则很可能成为城镇劳动力市场上的底层，由此可以推测，向城镇户籍的转换可能只会给一部分人带来有利的结果。④

（二）教育要素的影响

教育是人力资本的重要组成部分，对于教育回报的讨论十分广泛。就中国的经验而言，教育总体上呈现出正向的作用。从教育结构内部来看，接受职业教育者比接受普通高中教育者有更多的收入回报，但职业教育回报呈现出队列效应，改革开放早期接受职业教育者比接受普通高中教育者

---

① 吴晓刚，张卓妮. 户口、职业隔离与中国城镇的收入不平等[J]. 中国社会科学，2014（06）：118—140，208—209.
② 程诚，张顺. 社会资本与工资收入的户籍差异——基于改进后的Oaxaca—Blinder分解[J]. 人口与经济，2013（06）：79—85.
③ 魏万青. 户籍制度改革对流动人口收入的影响研究[J]. 社会学研究，2012，27（01）：152—173，245.
④ 谢桂华. "农转非"之后的社会经济地位获得研究[J]. 社会学研究，2014，29（01）：40—56，242—243.

拥有较高的回报，1990年后接受职业教育者的收入回报已没有优势。①

在中国的市场转型时期，关于教育回报和政治身份回报引起了广泛的争论。对中国20世纪90年代中后期的数据分析表明，在市场化部门有较高的教育回报。对于新进入市场经济的人来说，能够在市场部门中获得较高的教育回报；而对于那些较早进入市场部门的人来说，他们的教育回报和国有部门比较接近。以市场经济改革为背景，从20世纪80年代到2000年这一段时期来看，教育的平均回报有了显著提高，但教育与收入不平等之间保持着比较稳定的关系，教育的不平等会加剧收入的不平等，表现为平均受教育年限的增加反而提高了收入的不平等程度。②③

教育回报率还体现出行业间的差异。正规就业与非正规就业的教育回报率的差异，随工资分布由低端到高端呈现先升后降趋势。在工资分布高端，正规就业部门和非正规就业部门之间的工资差异主要来自教育和经验等个人禀赋差异。④

对于流动人口的收入状况而言，教育程度的提高是提升收入的有效途径。高学历、拥有培训经历等与教育相关的变量对提高工资具有正向作用。⑤⑥从教育回报的角度来看，流动行为本身有助于提高教育回报率。综合现有的研究结果，流动人口的平均教育回报率较本地常住居民偏低，波动范围在2%—6%。⑦⑧同时，流动人口的教育回报率还存在着户籍差异，表

---

① 陈伟，乌尼日其其格. 职业教育与普通高中教育收入回报之差异［J］. 社会，2016，36（02）：167—190.

② 白雪梅. 教育与收入不平等：中国的经验研究［J］. 管理世界，2004（06）：53—58.

③ 李雪松，詹姆斯·赫克曼. 选择偏差、比较优势与教育的异质性回报：基于中国微观数据的实证研究［J］. 经济研究，2004（04）：91—99，116.

④ 魏下海，余玲铮. 我国城镇正规就业与非正规就业工资差异的实证研究——基于分位数回归与分解的发现［J］. 数量经济技术经济研究，2012，29（01）：78—90.

⑤ 严善平. 人力资本、制度与工资差别——对大城市二元劳动力市场的实证分析［J］. 管理世界，2007（06）：4—13，171—172.

⑥ 钱文荣，卢海阳. 农民工人力资本与工资关系的性别差异及户籍地差异［J］. 中国农村经济，2012（08）：16—27.

⑦ 马岩，杨军，蔡金阳，等. 我国城乡流动人口教育回报率研究［J］. 人口学刊，2012（02）：64—73.

⑧ 谭江蓉. 乡城流动人口的收入分层与人力资本回报［J］. 农业经济问题，2016，37（02）：59—66，111.

现为乡城流动人口的教育回报率较低,城城流动人口的教育回报率较高,这说明户籍制度和城乡二元体制仍在制度层面影响着流动人口的教育收益。[1]

从与城市劳动者的工资差距角度来看,既有研究认为我国劳动力市场上城乡劳动力之间的工资差距主要是由城乡劳动力的个体特征差异造成的,教育等人力资本因素对收入差异的解释力较好。随着时间的推移,不可被解释的歧视部分的作用在下降,人力资本的解释力度在逐渐上升。[2]农民工与城镇职工小时收入的差异有90%左右是由劳动者的特征差异造成的,价格差异所导致的收入差异仅为10%。在所有的分解结果中,教育水平始终是造成两者收入差距的最主要原因。[3]

从就业质量的角度来看,流动人口受教育程度的提高有助于其实现更高质量的就业。基于2017年中国流动人口动态监测调查数据的研究构建了就业质量评价指标,结果表明受教育程度的增加将会显著提高流动人口的就业质量,具体表现为收入增加、工作时间减少,就业稳定性增加以及社会保障参保率提高,在经济能力和社会保障方面均获得了较为明显的提升。[4]

第六节 文献评述与研究假设

一、文献评述

经典迁移理论认为个体是基于个人利益最大化的原则进行迁移和流动的,如基于零边际生产农业剩余劳动力的刘易斯模型、基于预期收入的托

---

[1] 任强,傅强,朱宇姝.基于户籍制度的教育回报差异:对工资歧视的再考察[J].人口与发展,2008(03):37—46.
[2] 庞念伟,陈广汉.城镇与外来劳动力工资差异分解——人力资本和歧视贡献及其变化[J].人口与经济,2013(06):71—78.
[3] 邢春冰.农民工与城镇职工的收入差距[J].管理世界,2008(05):55—64.
[4] 王胜今,刘末.受教育程度对流动人口就业质量的影响研究[J].人口学刊,2023,45(03):49—62.

达罗模型；后续的新迁移经济学认为迁移并不是个体单独的决定，还与家庭经济地位、家庭决策有关；而劳动力市场分割理论、世界体系理论等从更宏观的层面来解释迁移流动现象的产生。

通过实际数据检验的结果发现，西方的人口流动模型不能直接套用在中国经验上，因为中国的流动劳动力存在异质性和选择性。同时不可忽略的是，中国存在城乡二元户籍制度，这一制度性要素深刻影响了农村劳动力的流迁行为，因此户籍制度要素是研究中国人口流动现象不可或缺的要素。

通过对市场转型理论及其实证研究的回顾，可以发现在中国的劳动力市场中，市场化要素和制度性要素的经济回报一直是争论的焦点，这为流动人口职业获得和工资收入的分析提供了启发。流动人口这一特性是由户籍制度造成的，因此对流动人口在劳动力市场中的表现进行分析时，户籍作为制度性要素，会对流动人口的职业获得和工资收入产生影响。所以，流动人口内部户籍比较的视角具有较强的研究意义和创新意义，这一视角反映了制度要素与个人自致中的综合作用，在流动人口群体中尤为重要。

在以往的研究中，劳动力市场一直作为外在因素影响着劳动力的迁移流动行为，通常是两地劳动力市场之间的差异或者不同层级的劳动力市场作为人口流动的拉力而存在。较少地将流动人口如何进入劳动力市场，特别是将分层级的劳动力市场纳入研究范围。已有研究认为，外来劳动力主要集中于低端行业，也就是次级劳动力市场。在新的社会环境下，流动人口内部的就业状况已经出现了分化，不再单一地集中在低端劳动密集型产业中。因此，本书将流动人口的职业获得纳入讨论范围。

从现有针对流动人口就业和收入的研究来看，主要采用的是与本地户籍人口比较的视角。在这一视角下，流动人口受制于劳动力市场分割的现状，在进入国有部门时遇到了较大的阻碍；流动人口工资收入的提高受到了来自户籍的制度障碍；教育作为一项重要的人力资本，能够帮助流动人口进一步提高收入，但教育回报仍存在较大的城乡差异。

从理论角度来看，以刘易斯模型为代表的一系列人口理论主要关注的是劳动力人口由农村向城市的转移，较少讨论城城流动现象。泽林斯基的人口移动转变理论从宏观的历史发展角度描述了一个国家内部人口迁移流动的模式变化，其中提到在人口迁移流动的中晚期，乡城流动将不断减少，而城城流动将成为新的人口流动增长点，将变得非常活跃[①]。因此，未来可以加强对城城流动的研究。本书通过流动人口内部户籍比较的视角，将城城流动与乡城流动进行比较，一方面是为了说明流动人口内部出现了基于城乡制度性差异的分化，另一方面希望通过这一研究进一步说明城城流动和乡城流动在中国城市发展中的意义。

在针对中国流动人口就业和收入的实证研究中，主要讨论的是农民工这一群体，也就是农业户籍劳动力向城市劳动力市场转移的过程。针对非农户籍的流动人口这一群体的研究还较少。有一些研究采用农业—非农、本地—外地的交叉分类，对四类人群的就业和收入特征进行比较，采用流动人口内部差异性视角比较流动人口内部农业—非农户籍带来的影响的研究较少。

本书在以往研究的基础上，将研究视角进一步深入流动人口内部，结合流动人口内部结构发生的新变化，基于流动人口内部的差异性，将户籍类别作为切入点，对流动人口内部的职业进入和收入状况进行研究。希望通过一系列研究展现出流动人口内部的异质性，在大量对农民工群体的研究的基础上将分析扩展到非农户籍流动人口和农业户籍流动这一群体中。以往关注乡城流动人口与城市本地户籍人口之间"内外之别"的研究已有很多，本书所比较的对象是乡城流动和城城流动人口，来自流动人口内部的户籍差异是本书研究的重点。

本书的创新点在于采取了流动人口内部差异性的视角，并引入市场化要素和制度性要素在劳动力市场中的竞争关系，对流动人口的职业获得和工资收入进行分析。一方面，经济改革不断深入；另一方面，户籍制度长期存在，这使基于经济目的外出的流动人口处在两种力量的冲击中，既希望通过外出流动从市场化的过程中获得较高的经济收益，又受到制度壁

---

① 朱宇，林李月，柯文前. 国内人口迁移流动的演变趋势：国际经验及其对中国的启示[J]. 人口研究，2016，40（05）：50—60.

垒的阻碍。同时，本书还将联系我国新型城镇化、户籍制度改革的社会背景，对流动人口的未来发展做出展望。

二、研究假设

（一）职业获得假设

劳动力市场的部门分割体现在以国有单位为代表的正规就业部门和以私有单位为代表的非正规就业部门之间存在福利、工资差距，拉大了社会成员之间的贫富差距。基于劳动力市场分割的视角，可以将中国的劳动力市场分为国家型部门和市场化部门，前者包括了国有单位以及集体单位，后者包括了私营和外资单位。关于流动人口职业获得的研究指出，城城流动人口的职业分布相对更加高端。但与本地市民相比，流动人口难以进入国家和新的社会经济部门，城市本地、城城、乡城劳动力人口集中在国有单位的比例依次递减。[①]由此可以看出，流动人口内部已经出现了职业结构的分化，通过与城市本地劳动力的比较可以看出，流动人口因非本地户口遭遇职业进入的障碍，特别是农业户籍的流动人口，其面临的障碍更加明显。在流动人口内部，户籍仍然是影响其职业获得重要因素。根据以往职业获得的研究结果，非农户籍在进入国有部门时存在优势。在流动人口面临着户籍制度障碍的背景下，受教育程度作为重要的自致因素，是否能够在流动人口群体中起到抵消户籍带来的就业不平等的作用。基于此，提出研究假设1.1至假设1.3。

假设1.1：相较于农业户籍流动人口，具有非农户籍的流动人口更有可能进入正式程度更高的单位和国有单位。

假设1.2：非农户籍有助于流动人口获得更稳定的职业。

假设1.3：受教育程度的提高有助于流动人口获得更稳定的职业。

（二）教育回报假设

根据人力资本投资—收益理论和以往关于流动人口收入的研究指出，

[①] 王晓丽. 城市劳动力市场分割与工资决定［J］. 人口与经济，2013（05）：70—78.

更高的教育程度有助于流动人口提高收入。但由于非完全竞争市场的存在，教育回报在不同群体之间不是均质的，而是受到来自制度性因素的压制甚至扭曲。[①]从户籍的角度来看，外来非农户籍的劳动力在流入地劳动力市场中具有经济优势，无论是在收入水平还是人力资本回报率方面都高于当地城镇劳动力；外来农业户籍流动人口虽然在流动的初期处于收入劣势，但经过一段时期之后，其中的高技能者的收入将追上本地劳动力，并实现经济地位方面的融合，但低技能者的收入劣势无法改变。[②]由此可以看出流动人口内部的非农户籍属性和高教育程度对收入有正向效应。

有研究指出，城乡差距仍然是居民教育不平等的重要来源，高中和大学升学机会的城乡不平等有扩大趋势。[③④⑤⑥]而高等教育回报在不同户籍出身的人群中也存在差异，同样作为高学历劳动者，城镇户籍出身与农村户籍出身相比，在工作收入或就业质量上具有相对优势确实存在并具有"扩大效应"。[⑦]基于教育回报异质性的研究，在这里可以将户籍看成外生的制度性因素，在宏观层面上起到了形塑劳动力市场偏好的作用；而受教育程度是个体的内生性要素，是可以通过后天自致而改变其状态的，同时教育还发挥着促进向上流动的作用。户籍要素可以认为代表了国家层面的制度逻辑，受教育水平则代表了基于经济理性的市场逻辑，这两种逻辑在流动人口内部如何作用于其收入水平，值得进行研究。关于教育与流动人口收入之间的关系，特别值得关注的是流动人口内部的户籍差异是否对其教育

---

① 刘丹，雷洪. 乡—城流动人口就业部门分割及职业地位[J]. 青年研究，2016 (06)：1—10，91.
② 谢桂华. 中国流动人口的人力资本回报与社会融合[J]. 中国社会科学，2012 (04)：103—124，207.
③ 李春玲. 文化水平如何影响人们的经济收入——对目前教育的经济收益率的考查[J]. 社会学研究，2003 (03)：64—76.
④ 李春玲. 高等教育扩张与教育机会不平等——高校扩招的平等化效应考查[J]. 社会学研究，2010，25 (03)：82—113，244.
⑤ 吴愈晓. 中国城乡居民的教育机会不平等及其演变 (1978—2008)[J]. 中国社会科学，2013 (03)：4—21，203.
⑥ 李春玲. 教育不平等的年代变化趋势 (1940—2010)——对城乡教育机会不平等的再考察[J]. 社会学研究，2014，29 (02)：65—89，243.
⑦ 李骏，吴晓刚. 收入不平等与公平分配：对转型时期中国城镇居民公平观的一项实证分析[J]. 中国社会科学，2012 (03)：114—128，207.

回报水平也产生了扭曲作用。基于以上分析,提出假设2.1和假设2.2:

假设2.1:受教育程度的提高有助于提高流动人口的收入。

假设2.2:流动人口的教育回报存在户籍差异,表现为非农户籍占优。

(三)工资户籍差异假设

根据对中国劳动力市场分割的研究,国有—市场、垄断—非垄断、正式—非正式等一系列分割形式表明,流动人口进入的市场是非均质的,不同部门之间在工资待遇、稳定性、市场程度高低上的表现均有所不同。因此将劳动力市场分割也被看成制度性要素的表现,流动人口在分流进不同的劳动力市场部门后,其工资收入决定模式可能受到来自部门内部运行规律的影响。例如,在对于流动人口同乡聚集与收入之间的关系的研究中,农民工初职在进入同乡聚集行业时,对其收入有正向效应,这是因为同乡聚集行业为他们提供了一定的竞争优势保护措施,但这一效应会随着职业的发展而消失,并且在管理者同乡聚集时作用消失。[1][2]研究表明,找工作时获得亲友帮助更有可能进入工友同乡聚集以及雇主同乡聚集行业,而人力资本要素则对此有负向作用。[3]这里的研究只针对农民工群体进行了分析:一方面,说明了不同行业之间农业户籍流动人口的收入水平不同;另一方面,不同行业间对流动人口的雇佣策略也是不同的。如果以此为例,进行推论,在不同的部门之间,由于其制度属性不同,其雇佣策略也有所不同:如在国有部门内部可能更看重个人的出身,其劳动力吸纳过程更为严格;市场化程度更高的部门更加看重人力资本等可以直接转换成经济效应的要素,并且雇佣方式比较灵活;非正式就业部门可能更容易接纳基于社会关系、同乡关系的流动人口。

关于流动人口就业部门内部户籍工资歧视的研究表明,与城镇居民相比,农民工遭遇了工作部门内部的工资户籍歧视,其中外资企业和民营企

---

[1] 张春泥,谢宇. 同乡的力量:同乡聚集对农民工工资收入的影响[J]. 社会, 2013, 33 (01): 113—135.

[2] 魏万青. 自选择、职业发展与农民工同乡聚集的收入效应研究[J]. 社会学研究, 2016, 31 (05): 164—188, 244—245.

[3] 张春泥,谢宇. 同乡的力量:同乡聚集对农民工工资收入的影响[J]. 社会, 2013, 33 (01): 113—135.

第二章 理论回顾与文献综述

业是部门工资差异的主要来源,而集体所有制企业和政府事业部门的工资差异很小,其内部的工资城乡户籍差异在很大程度上可以被个体特征所解释。[1]以往研究注意到了中国劳动力市场中工资差异的多重表现,如城乡户籍差异、地区差异、部门行业间的差距等,但在各部门内部比较流动人口的工资户籍差异的研究较少,而这正是本书所关注的内容。

新生代流动人口正在逐渐成为流动人口中的中坚力量,已有大量的研究对新生代流动人口的工作状况和收入影响因素进行了分析。研究结果表明,新生代流动人口的工作环境较之老一代流动人口有所改善,新生代流动人口的收入水平受到年龄、健康、人力资本、所处行业、流动距离的影响,人力资本的提升有助于新生代流动人口收入水平的提高。[2]与老一代流动人口的收入影响因素相比,新生代流动人口受工作经验及健康因素的影响更大,老一代流动人口更多地受益于受教育程度的提高。[3]但是以往研究较少专门从户籍差异的角度来分析不同代际流动人口的收入状况,新生代流动人口和老一代流动人口之间存在着生命历程、受教育结构、就业结构等方面的差异性,对于流动人口代际之间工资户籍差异的分析实际上是在讨论制度性分割对收入的影响在不同队列中的表现是否存在不同之处,其背后反映的是两个队列所经历的不同生命历程。

以往关于流动人口收入影响因素的研究较少采用流动人口内部户籍差异的分析视角,也没有将流动人口内部的工资户籍差异情况放在不同情境下进行比较。因此,本书从流动人口内部差异性的角度出发,希望通过流动人口在不同维度上工资户籍差异进行比较。根据以往的研究结果,可以假设流动人口因户籍这一制度性要素在收入水平上进一步受到差异化的对待,造成了收入的不平等,本书希望从就业部门和队列两个角度进行分析。由此提出研究假设3.1和假设3.2:

---

[1] 董熙. 我国劳动力市场中的农民工工资歧视状况与解决路径[J]. 经济体制改革, 2014 (06): 77—81.

[2] 金晓彤, 杨潇. 差异化就业的新生代农民工收入影响因素分析——基于全国31省(市)4268个样本的实证研究[J]. 青年研究, 2015 (03): 20—29, 94—95.

[3] 赵宁. 代际差异视角下人力资本对农民工工资收入的影响分析[J]. 西北人口, 2015, 36 (04): 29—34.

假设3.1：流动人口的工资户籍差异在各就业部门内部存在，但差异程度因部门而异，国有部门的工资户籍差异程度较小。

假设3.2：流动人口的工资户籍差异在不同队列之间均存在。

第三章 研究设计

本章对本书的研究设计做出说明，包括研究框架、数据来源、变量操作化、研究方法、模型设定等，为接下来各章的数据分析部分奠定基础。

第一节 研究框架

本书基于流动人口城乡户籍差异这一视角，对流动人口的职业获得、收入水平（教育回报）、收入差异（户籍差异）进行分析。职业和收入是个体社会地位获得的重要要素，流动人口一方面在流入地遭遇了基于"外地户籍"的制度障碍，同时内部还存在着城乡户籍的差别，在双重制度壁垒的情况下，流动人口的职业进入、工资水平等都会受到这一制度性要素的影响，进而流动人口产生分化现象。

本书以流动人口作为研究对象，逐步分析流动人口如何进入劳动力市场、教育要素在劳动力市场中的作用、流动人口在不同部门之间的收入状况这一系列研究问题。分析的目的在于讨论城乡户籍差异在流动人口从进入劳动力市场到在劳动力市场中的具体表现的作用如何。基于户籍类型的制度性身份差异实质上反映了我国当前城乡不平等的现状，以往的研究较多关注乡城流动就业人口与城市本地就业人口之间因户籍差异造成的收入不平等、社会公共服务不平等等议题，这实际上是一种"内外之别"，即外地户籍和本地户籍之间的比较。本书将视角转向流动人口内部，希望说明流动人口内部也存在着城乡差异，而这种差异实质上反映了户籍制度造成的不平等现象，如接受教育机会的不平等、劳动力市场中的雇佣歧视等。

进一步对流动人口教育回报的关注则是将教育看成一种投资，教育回报率实际上反映了个体能够从教育水平的提升中获益多少，而这种收益水平在流动人口内部是否受到了户籍要素的影响，也是户籍制度背后城乡不平等现象在劳动力市场中的进一步体现。

除了户籍这一制度性要素，劳动力市场分割本身也是一种结构性的壁垒，流动人口进行就业时会在户籍和劳动力市场结构这双重壁垒的作用下产生分流。在劳动力市场分割的背景下，不同的单位部门内部流动人口劳动力的工资水平是否受到了户籍要素的影响？这是对户籍这一制度性要素在结构性的劳动力市场不同部门间表现的讨论。同时，基于流动人口内部代际分化的新特征，考察户籍要素对于流动人口收入的影响是否在代际间存在差别，是制度性不平等的延续、消退还是浮现？也是本书所要回答的问题之一。

基于以上思路，本书的研究框架将从流动人口内部户籍差异出发，分析流动人口职业进入、教育回报以及其在分割的劳动力市场中的表现。本书的最终落脚点在于阐释流动人口内部存在基于户籍的差异性，这种差异性的背后体现了城乡二元体制对流动人口劳动力市场表现的影响。

本书将主要针对四个方面的研究问题进行分析，对研究问题的分析思路详述如下。首先来看流动人口进入劳动力市场这一阶段，提问研究问题一：流动人口的职业获得受到了哪些因素的影响？从劳动力市场的角度来看，存在着部门分割的现象，哪些因素有助于流动人口进入更加稳定，更加有保障的职业部门？户籍类别在这里是否发生了作用？流动人口内部的职业期待如何？这是这一部分应当探究的问题。

在进入劳动力市场后，流动人口的工资收入水平值得关注。在讨论流动人口的就业收入时，提出研究问题二：在流动人口群体中教育回报呈现出怎样的特征？接受高等教育能否有效地提高流动人口工资收入？流动人口的教育回报水平是否会因户籍类别不同而产生差别？这一部分的分析将聚焦于流动人口本身的工资收入水平，重点关注受教育水平对收入水平的影响及户籍差异。

在实现更高质量就业的过程中，个体健康状况的作用不容忽视。为了进一步了解流动人口人力资本回报情况，将研究视角扩展到教育的非物质回报领域，并提出研究问题三：受教育程度是否影响了流动人口的健康状况？受教育程度的变化对不同健康指标的影响如何？这一部分的分析重点关注流动人口健康人力资本的状况。

在流动人口收入的分析中,将进一步考察收入差异问题,并提出研究问题:流动人口内部的工资差异在多大程度上源自户籍的差异?如果将劳动力市场中的部门分割也看成一种制度性分割,不同的部门代表了劳动力市场中市场化的一方和更接近于国家权力的一方,那么流动人口所遭遇的户籍歧视是否在部门间有所不同?对于不同队列的流动人口来说,户籍要素对于他们收入水平的影响在各队列内部的作用模式如何,是否存在队列之间的差异?这一部分将聚焦于流动人口内部的工资差异,关注工资收入的户籍差异在不同部门、队列之间的表现,从多维度分析流动人口内部的工资户籍差异现象。

根据对研究框架的分解,可以将本书的研究步骤分为以下四个步骤。

第一步,对流动人口的职业分布和职业获得进行分析。描述流动人口的职业结构、职业声望,并进行基于户籍类别的分组比较。接下来对流动人口进入不同工作部门、是否能获得签订合同的工作等进行logistic分析,主要的研究变量是户籍类别和受教育程度。这一部分分析的目的在于,讨论流动人口是否由于户籍因素遭遇到就业障碍,从而形成在劳动力市场中的第一道制度屏障。

第二步,进行流动人口的收入水平分析。这里主要关注的是流动人口的教育回报率问题。受教育程度是重要的人力资本变量,以往的大量研究说明了更高的教育对于收入提升、社会地位提升的正向作用。这部分的分析将以明瑟方程作为基础,首先估算线性的教育回报率,并进行户籍间的比较。以往研究表明,不同的收入位置上教育程度的作用不同,因此将进一步使用分位数回归模型进行分析。接下来将从教育阶段的角度出发,估算全部教育阶段回报率,以回答何种阶段教育对于流动人口收入的提升更为有效。并比较高中毕业后是否接受高等教育对流动人口工资收入的影响,分别将是否接受高等教育作为干预变量,进行倾向值匹配分析,对阶段教育的干预效应进行估计。并进一步将高等教育分为大专、本科、研究生三个层级,分别计算高等教育阶段回报水平。以上分析首先估算流动人口作为一个整体的教育回报,再使用户籍类别作为分组变量,分别估算教育回报。这一部分分析的目的在于讨论作为自致因素的教育,在多大程度上能帮助流动人口提升工资收入,且教育回报是否存在户籍差异。

第三步,基于社会因果论,对青年流动人口的教育健康效应进行分析。在健康指标选取上尽量涵盖健康的多元维度,包括自评健康、健康变化情况、精神健康、健康知识等,使用logistic回归和OLS回归进行分析。将各健康指标作为因变量,受教育程度作为核心自变量,并从性别、户籍和代际三个维度分析青年流动人口的教育健康效应是否存在群体内部异质性。

第四步,基于部门分割的视角,进行流动人口的工资收入影响因素分析。在讨论户籍的工资差异时,将使用Oaxaca工资分解法,结果中不可被解释的部分可以认为是户籍因素导致的工资差异。再进一步将部门分割看成制度性安排,以部门作为分组变量,对不同户籍流动人口在各工作部门内部的工资户籍歧视程度进行分析,以比较部门间的工资户籍歧视现象是否存在差别。由于流动人口内部存在代际更替的特点,因此进一步比较老一代和新生代流动人口中户籍要素对工资水平是否产生了影响。这一部分分析的目的在于,分解出流动人口在劳动力市场中因外生的户籍变量而遭遇到的歧视的程度,并结合部门分割、队列进行讨论。

第二节 数据来源与变量选择

一、研究数据选择

根据本书的研究框架和分析思路,经综合考虑,本书使用综合性社会调查数据进行分析,包括CFPS[①]、CLDS[②]、CGSS[③]和流动人口动态监测调查数据。选择综合性社会调查数据的原因是其数据的代表性较好,能够提供

[①] 本书所使用的该数据来自北京大学"985"项目资助、北京大学中国社会科学调查中心执行的中国家庭追踪调查。本书观点和内容由笔者自行负责。

[②] 本书所使用的该数据来自中山大学社会科学调查中心开展的"中国劳动力动态调查"(CLDS)。本书的观点和内容由笔者自行负责。

[③] 本书所使用的该数据来自中国人民大学中国调查与数据中心主持之《中国综合社会调查(CGSS)》项目。笔者感谢此机构及其人员提供数据协助,本书内容由笔者自行负责。

第三章 研究设计

较为丰富的变量,并具有全国代表性。由于综合性社会调查并非流动人口专项调查,因此在历次调查中流动人口数量较少,且在流动人口部分存在覆盖误差。为了有足够的案例进行研究,将同一时期均具有全国代表性的数据进行合并分析。本书选取了CFPS2014和CLDS2014数据进行合并,选取这两个数据进行合并的原因主要包括:其一,CFPS和CLDS调查均为具有全国调表性的大型调查;其二,两个数据库均能提供本书研究所需的流动人口流动距离、工作单位、工资收入、家庭背景等变量。本书主要使用2014年合并数据进行分析,在一些章节中会使用CGSS2015单次截面数据、CMDS单轮次数据进行特定研究问题的分析。下面对本书研究所用的数据库做简要介绍。

中国家庭追踪调查(China Family Panel Studies, CFPS)自2008年试调查起,于2010年展开正式访问,每两年进行一次追踪调查,目前已进行了5轮追踪调查。CFPS旨在通过跟踪收集个体、家庭、社区三个层次的数据,重点关注中国居民的经济与非经济福利,以及包括经济活动、教育成果、家庭关系与家庭动态、人口迁移、健康等在内的诸多研究主题,以反映中国社会、经济、人口、教育和健康的变迁。CFPS采用内隐分层的系统概率规模成比例(PPS)抽样方式,其样本覆盖25个省(自治区、直辖市),目标样本规模为16000户,调查对象包含样本家户中的全部家庭成员。该调查在全国范围具有代表性,同时对抽样各省(自治区、直辖市)具有代表性。

中国劳动力动态调查(China Labor-force Dynamic Survey, CLDS)以15—64岁的劳动年龄人口为对象,以劳动力的教育、就业、劳动权益、职业流动、职业保护与健康、职业满足感和幸福感等的现状和变迁为核心议题,对中国城市和农村的村居进行两年一次的追踪调查,调查内容包含了劳动力个体、家庭和社区三个层次的追踪和横截面数据。目前CLDS已完成2011年广东省试调查,2012年全国基线调查,2014年、2016年和2018年追踪调查。CLDS采用多阶段、多层次、与劳动力规模成比例的概率抽样方法,并采用轮换样本追踪方式。其抽样设计为将样本随机分成4份,每份样本连续跟踪4轮(6年),然后退出调查,同时用一个新的轮换样本进行补充。该调查数据具有全国代表性、东中西部地区各自代表性、广东省代表性和珠三角地区代表性。

中国综合社会调查（Chinese General Social Survey，CGSS）自2003年起对中国大陆各省份10000多户家庭进行连续性横截面调查，旨在全面收集社会、社区、家庭、个人多个层次的数据，总结社会变迁的趋势。目前公布了2003年、2005年、2006年、2008年、2010—2013年、2015年、2017年、2018年以及2021年共12轮数据。中国综合社会调查（CGSS）系列调查的总体研究框架是社会结构、生活质量及其二者之间的内在连接机制。其调查问卷由三部分构成。核心模块：调查全部样本，年度调查，固定不变；主题模块：调查全部样本，5年重复一次；附加模块：调查1/3或1/4随机样本，不确保重复周期和内容。其中，核心模块与主题模块主要服务于描述与解释社会变迁的宗旨，扩展模块则主要服务于跨国比较研究的目的。

中国流动人口动态监测调查数据（China Migrants Dynamic Survey，CMDS），是国家卫生健康委自2009年起一年一度大规模全国性流动人口抽样调查数据，覆盖中国大陆31个省（自治区、直辖市）和新疆生产建设兵团中流动人口较为集中的流入地。流动人口动态监测调查每年样本量近20万户，调查内容涉及流动人口基本信息、流动距离、就业、社会保障、收入、居住、基本公共卫生服务、婚育、子女流动和教育、健康状况等。目前已公布2009年至2018年共10轮数据，为了解流动人口就业、人力资本情况提供了重要的数据支撑。

二、变量选择及操作化

由于本书在研究过程中对CFPS2014和CLDS2014数据库进行了合并，因此在变量选择上需要识别出两个数据中共有的且与研究主题相关的变量，并进行统一编码。

本书的研究对象为流动人口。本书将流动人口定义为：常住地与户口所在地不一致，且产生了跨县流动的人群。在变量的操作化中，使用"当前的户口登记地"这一问题进行调查对象是否是流动人口的判断，将户口登记地为"本村/居""本乡镇街道的其他村/居""本县/县级市/区的其他乡/镇/街道"合并为"本地人口"项，赋值为0；将户口登记地在本区县以外的设置为"流动人口"项，赋值为1。进一步对流动距离进行划分，在CFPS2014数据中，将户口登记地为"本省的其他县/县级市/区"归为"省内流动"，赋值为0；"境内的其他省/自治区/直辖市"的归为"跨省流动"，赋值为1。在CLDS数据中，将户口登记地为本区县以外的流动人口的户口所在省份与现居地省份进行比对，省份一致的为"省内流动"，省份不一致的为"跨省流动"，赋值规则同上。

本书的因变量之一为月收入对数，根据已有的研究将"收入"定义为特指经过工作获得的工资/职业收入。财产性收入、补贴性收入、投资性收入以及来自父母或子女的经济支持不纳入本研究的收入范畴。在本书使用的两个数据库中均未直接提供上月工资变量，因此使用去年全年工资除以12得到月工资，并取对数处理。

在职业获得分析中将构建三个因变量，第一个因变量为有无正式工作单位的二分变量，将被访者单位类型为机关事业单位、国有企业、集体企业、村居委会、民营私企、外资企业、社会组织的，归为"有正式工作单位"一类，赋值为1；将被访者单位为无单位、个体、零散工、自由职业的，归为"无正式工作单位"一类，赋值为0。第二个因变量为国有部门、市场化部门的二分变量，将机关事业单位、国有企业、集体企业、村居委会归为"国有部门"一类，赋值为1；将在民营私企、外资企业工作的归为"市场化部门"，赋值为0。第三个因变量使用在职业稳定性分析中，以是否签订劳动合同作为二分因变量，将"签订合同"赋值为1，"没有签订"赋值为0。

自变量分为三个维度，包括个人特征变量：性别、年龄、户籍、受教育程度、是否党员、婚姻状况、工作经验和流动距离。家庭背景变量：父母的受教育年限、父母主要职业以及父母的户口。地区变量：所在省份的东、中、西部地区划分。

本书中的核心自变量是户籍与教育。其中户籍包括两个类别，非农户籍包括了本身就为非农户籍和居民户口中非农户籍两部分人群,农业户籍包括登记为农业户籍和居民户口中农业户籍的人群。受教育程度作为分类变量进入各模型,将文盲、不识字归为"没读过书"项,将私塾、小学归为"小学"项,将普高、职高、中专和技校归为"高中"项,将大学专科归为"专科"项,将大学本科、研究生合并为"本科及以上"项。在高等教育回报分析中,将构造高等教育变量,将最高学历为高中归为"未接受高等教育",赋值为0,将大专及以上归为"接受高等教育",赋值为1。"受教育年限"作为定距变量进入分析,将受教育程度转换为受教育年限的对比标准为,没读过书=0年,小学=6年,初中=9年,高中=12年,专科=15年,本科=16年,硕士研究生=19年,博士研究生=23年。

其他个体变量的操作化过程如下:年龄采取两种测量方式,一种为连续的定距年龄变量,一种按照年龄段进行分组,作为虚拟变量组进入模型,将流动人口分为18—24岁、25—29岁、30—34岁、35—39岁、40—44岁、45—49岁和50岁及以上共7组。性别变量将女性设置为参照组,赋值为0;男生赋值为1。基于出生年份,进一步对流动人口进行代际划分,分割点为1980年,将1980年之前出生的流动人口定义为老一代流动人口,将1980年及之后出生的流动人口定义为新生代流动人口。婚姻状况变量将"未婚"设置为参照组,其他两类分别为"在婚"和"离婚或丧偶"。党员身份在CFPS2014数据中没有给出直接标识,通过被访者参加的组织类别为"中国共产党"且入党时间为有效值这两个条件进行综合判断,将是中共党员赋值为1,其他政治面貌赋值为0。

在工作相关变量中,CFPS2014数据没有详细询问工作史信息,因此"工作经验"变量使用当前工作开始时间进行替代。回答中不确定年份在2012—2015年的,统一标记为2013年,不确定年份在2012年份之前的,统一标记为2010年。在CLDS2014数据中使用第一份工作开始年进行操作化。

在家庭背景变量中,父母的受教育年限变量和户口变量设置同前,不再详述。由于使用的是2014年数据,因此将父母的职业分类按照我国《职业分类与代码（GB/T 6565-2009）》[①]进行分类,将职业划分为负责人、专业技术人员、办事人员、商业服务业人员、农业人员和生产运输建造类工人六个类别,并以农业人员作为参照类。

在地区变量中,将流动人口所居住的省份按照东、中、西部地区进行划分。目前我国东、中、西部地区的划分为,东部地区包括北京、天津、河北、辽宁、上海、江苏、浙江、福建、山东、广东和海南11个省份,中部地区包括山西、吉林、黑龙江、安徽、江西、河南、湖北、湖南8个省;西部地区包括四川、贵州、云南、西藏、陕西、甘肃、青海、重庆、广西、宁夏、内蒙古、新疆12个省份。按照本书所使用的数据中流动人口现居省份进行一一对应,形成三分类的地区变量,其中以东部地区作为参照组。

本书还使用CGSS2015数据进行工作期待的补充性分析,因此对CGSS2105相关变量的构造做介绍。核心变量"工作回报期待"使用"以下工作回报您最希望获得"这一问题的回答进行操作化。将回答为高收入、工作有长期保障合并为"获得稳定的收入和保障"类,赋值为1;将回答为社会声望和尊重、较大的职权、有升迁机会合并为"获得社会声望和权力"类,赋值为2;将回答为满足个人兴趣、工作时间短、拓宽个人的社会关系、能为大众和社会服务、发挥个人才智、有成就感和自己可自由运用的时间多合并为"个人发展"类,赋值为3。

其他变量还包括年龄、性别、受教育年限、户口、父亲受教育年限、当前社会地位自评以及14岁时家庭社会经济地位自评。其中,社会人口学类变量设置同2014年数据,这里主要说明社会地位自评类变量的赋值过程。个人社会地位自评使用"与同龄人相比,您本人的社会经济地位怎样"来测量,将回答中的"差不多"项作为参照类,其他两类分别是"较高"和"较低"。14岁时的家庭社会经济地位是一个10分的定距变量,分数从低到高代表了从最底层到最高层的打分状况。

[①] 需要说明的是,2009年版《职业分类与代码（GB/T 6565—2009）》已于2015年10月1日废止,现行标准为《职业分类与代码（GB/T 6565—2015）》。考虑到数据收集时间为2014年,尚未到2015年,因此使用当时适用的职业分类标准。

为满足高等教育回报和教育健康效应分析时的样本量和指标要求，本书还将使用2014年和2015年中国流动人口动态监测调查数据进行分析。研究变量包括高等教育程度、自评健康、健康一年变化、健康变差感知、精神健康、健康知识获取等，具体变量设置情况可见相应章节论述。

本书使用的主要变量的设置情况见表3-1。

表3-1 本书所使用主要变量汇总

变量	测量	赋值	研究意义
是否流动人口	户口登记地是否在本区县	0=本地，1=流动	用于筛选研究对象
是否跨省流动	流动人口中户口登记地是否在其他省	0=省内，1=跨省	反映个体的流动特征
户籍	当前户口登记类型	0=农业，1=非农	反映流动人口内部户籍差异带来的影响
受教育程度	个人所完成的最高学历	1=没读过书，2=小学，3=初中，4=高中，5=专科，6=本科及以上	说明流动人口所拥有的人力资本水平
受教育年限	由受教育程度转换而来	没读过书=0年，小学=6年，初中=9年，高中=12年，专科=15年，本科=16年，硕士研究生=19年，博士研究生=23年	
是否接受高等教育	由受教育程度转换而来	0=高中，1=专科及以上	反映接受高等教育情况
年龄	出生年		反映流动人口的生命历程的不同阶段，以及不同代际之间的特征的差别
年龄段	由年龄重新编码得到		
是否新生代	出生年在1980年之前还是1980年及之后	0=老一代，1=新生代	
是否有正式单位	当前工作单位类型	0=无正式单位，1=有正式单位	是否有正式工作单位与流动人口的工作稳定性、社会保障等相关联

续表

变量	测量	赋值	研究意义
工作单位部门	当前工作单位的所有制	0=市场化部门,1=国有部门	基于劳动力市场分割理论,流动人口进入了何种类别的劳动力市场
是否签订劳动合同	当前工作是否签订了劳动合同	0=没有,1=有	工作保障性的体现
工作回报期待	工作回报中最希望得到的	1=稳定的个工作和收入,2=获得社会声望和权力,3=个人发展	流动人口对工作的认知和自我选择
性别		0=女性,1=男性	控制变量
婚姻状况	当前的婚姻状况	1=未婚,2=已婚,3=离婚或丧偶	
是否中共党员	当前的政治面貌	0=其他,1=中共党员	
父母职业	职业类别	1=农业人员,2=负责人,3=专业技术人员,4=办事人员,5=商业服务业人员,6=生产运输建造类工人	
父母受教育年限	同教育年限项		
父母户口	同户籍项		
地区	现居地	1=东部,2=中部,3=西部	

根据分析需要,本书将CFPS2014和CLDS2014样本限定在年龄在18—60岁,上周有工作且居住在城市的流动人口,经筛选筛选得到的总案例数为2168,构成了本书分析的主要对象。各变量的描述性统计见表3-2。

从表3-2中可以看出,在进入分析的样本中农业户籍流动人口占比较高,为67%;非农户籍流动人口占比为33%,约占样本量的三分之一,这说明非农户籍流动人口这一群体不可忽视,值得进一步研究和关注。从受教育程度的角度来看,样本中流动人口的平均受教育年限为11.05年,约为初中二年级水平;从受教育阶段的分布来看,主要集中于初中和高中阶段,样本中约有55%的流动人口属于这两个教育阶段,没读过书的流动人口相对较少,仅占比3.71%,同时也有相当一部分流动人口拥有专科或本科及以上的高等教育水平，这说明流动人口内部的受教育水平有所提高，受教育结构正在优化，这与人口普查、1%抽样调查的数据分析结果较为一致。从社会人口学要素的角度来看，样本的平均年龄为35.41岁，处于劳动力年龄中较为年轻的阶段；在样本中男性比例稍高于女性，为58%，总体上男女分布较为平衡。从代际角度来看，新生代流动人口占到全样本的55%，这说明新一代流动人口正在逐渐成为流动人口的主力军。从就业的角度来看，大部分流动人口在正式单位进行工作，这一占比约为73%；从单位所有制角度来看，样本中约有77%的流动人口在市场化部门工作，约有23%的流动人口在国有部门工作，这初步显示出流动人口内部出现了就业状况的分化。

表3-2 各变量描述性统计

变量	样本量	均值或百分比	标准差
上月工作收入（元）	1849	3463.59	4766.58
受教育年限	2129	11.05年	3.83
受教育程度	2157		
没读过书	80	3.71%	
小学	273	12.66%	
初中	707	32.78%	
高中	481	22.29%	
专科	305	14.14%	
本科及以上	311	14.42%	
非农户籍	2163	0.33	0.47
男性	2168	0.58	0.49
年龄	2168	35.41岁	9.71
新生代	2168	0.55	0.50
婚姻状况	2168		
未婚	451	20.8	
已婚	1663	76.71%	
离婚或丧偶	54	2.49%	
中共党员	2163	0.07	0.26
省际	2165	0.50	0.50
有正式工作单位	2144	0.73	0.45

续表

变量	样本量	均值或百分比	标准差
单位部门	1519		
国有部门	352	23.17%	
市场化部门	1167	76.83%	
签订劳动合同	1662	0.65	0.48
父亲受教育年限	1872	7.20%	4.41
母亲受教育年限	1873	5.33%	4.49
父亲职业	1362		
农业人员	712	52.28%	
负责人	89	6.53%	
专业技术人员	102	7.49%	
办事人员	49	3.6%	
商业服务业	135	9.91%	
生产运输建造类工人	275	20.19%	
所在地地区	2090		
东部	1498	71.67%	
中部	332	15.89%	
西部	260	12.44%	

第三节 研究方法与模型设定

一、稳健回归

在采用最小二乘法的多元回归对样本数据进行分析时，在满足高斯假定条件以及误差项正态分布假定时，其估计结果为最佳无偏线性估计（BLUE）。但当上述假定条件中的一项或几项不被满足时，OLS回归的估计将不再是BLUE，其效率将会下降。最小二乘法的思路是在总体中随机抽取的一个样本，找到一条直线使得观测值和拟合值之间的距离最短，即两者的残差平方和最小。但是在这种估计方法下，OLS回归较容易受到极端值和异常值的影响，这些值会对整体的回归结果产生"拉力"，进而使其估计结果有偏。而稳健回归是在OLS回归的相关假定条件未被满足时的能够取得有效估计的一个回归方法，包含了多种不同的技术方法，稳健回归的估计方法有多种，例如M估计、L估计等，实际上是将回归诊断融合进了稳健回归分析。[①]

稳健回归分析使用迭代在加权最小二乘法（IRLS）进行求解。首先对数据进行OLS回归，并计算Cook's D值，并将Cook's D值大于1的案例排除。再根据残差量大小计算该案例的权重值，残差值越大，其权重越小，也就是说残差值越大的案例对回归结果的影响越小。其次使用最小加权二乘法（WLS）再次进行估计，并再计算新的残差和权重值，使用WLS方法进行再次估计，一直重复该过程直至权数和参数估计稳定化，得到最终的稳健回归结果。从计算思路上来说，稳健回归是在OLS回归的假设条件被违反或者受异常值影响较大时更有效的估计方案，通过对案例赋以基于残差值的权重，进一步减少异常值的影响，最终获得优于OLS回归的结果。

在实际研究中，稳健回归方法的适用范围较广，在多学科内部均有使用，如股票研究、宏观经济研究、电气工程、建筑工程、气象学、地球物理学等多个研究领域都使用了稳健回归作为估计方法。本书在进行回归分析之前，对定距因变量需进行检验，查看其分布是否符合OLS回归的条件。

在本书的因变量之一为流动人口月收入的对数。表3-3给出了关于月收入和月收入对数分布的检验结果。表中的结果显示，p值均小于0，需拒绝此数据分布与正态分布相同的原假设，即月收入对数作为因变量时无法有效使用常规的OLS回归。

图3-1中给出了全部流动人口月收入和月收入对数的正态Q-Q图、带正态曲线的直方图和核密度函数图。从图中可以看出，数据的分布不符合正态的要求。在数据的两端，特别是靠近0一段集中了一部分案例，同时有取值非常大的案例零散分布在数据的右端，OLS回归时会对这些案例较为敏

[①] 关于稳健回归估计量的进一步说明，可以参见《应用STATA做统计分析：更新至STATA12（原书第8版）》204—205页的相关内容。

感，进而影响到回归结果。

表3-3 因变量月收入对数分布检验结果

项目	Pr	
	月收入	月收入对数
统计检验法		
sktest		
数据转换法		
cubic		
square		
indentity		
square root		
Box-Cox		

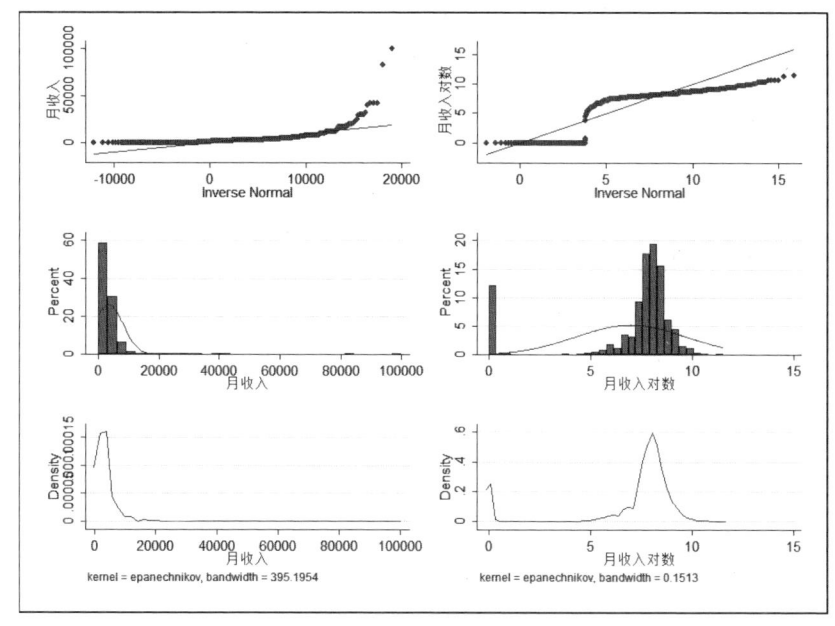

图3-1 流动人口月工资收入、月工资收入对数正态分布检验

接下来对以月收入对数为因变量，受教育年限为核心自变量，社会人口学变量和流动特征作为控制变量的模型为例进行试验，对该模型同时进行OLS回归和稳健回归，并将结果进行比较。从回归结果中可以看出，至少有一个自变量的OLS回归系数和稳健回归系数之差的绝对值大于稳健回归系

数的标准误，这说明需要使用稳健回归。稳健回归对于异常值的影响更不敏感，并且对因变量的正态分布不作要求，因此本章接下来的分析将使用稳健回归。OLS回归和稳健回归结果对比详见附录A。

二、分位数回归

在传统的OLS回归模型中，研究者关心的是多个自变量对于y的条件期望的影响。Koenker和Bassett（1978）提出分位数回归方法，分位数回归关心的是x对y的条件分布的影响，此时如果使用y的条件期望值来表示是不准确的，因为y的条件期望值很难反映整个条件分布的全貌。[1]因此，分位数回归对于因变量y的形式有新的要求，即因变量y是条件分布y|x的总体分位数$y_{q(x)}$，整个回归方程是x对$y_{q(x)}$的线性回归。其回归结果的解释是，在其他条件不变的情况下，自变量每增加一个单位对因变量在所设定的分位点上的影响。分位数回归较之OLS回归的而优势在于：第一，各自变量的回归系数能够随着因变量的不同分布点变动，更有利于对现象之间的回归关系进行更为细致、更为全面的分析；第二，其估计结果更加稳健，因为对误差项分布不做具体假设，对非正态分布或者异常值拥有耐抗性。[2][3]

经济收入研究中对分位数回归的使用较多，主要使用分位数回归对工资差异中的歧视部分进行解释。分位数取值一般为5，25，45，50，75，90，95百分位点，也有间隔更小、更精细的取值。[4][5][6]由于分位数回归可以

---

[1] Koenker, Roger, Bassett, Gilbert Regression Quantiles. Econometrica, 1978, 46（1）: 33—50.

[2] Koenker, Roger, Hallock, Kevin F. Quantile Regression. The Journal of Economic Perspectives, 2001, 15（4）, 143—156.

[3] 王韬，毛建新. 流动人口家庭与城镇家庭的消费差异——基于分位数回归的分析［J］. 人口与经济，2015（04）: 60—68.

[4] 陈建宝，段景辉. 中国性别工资差异的分位数回归分析［J］. 数量经济技术经济研究，2009，26（10）: 87—97.

[5] 张世伟，郭凤鸣. 分位数上的性别工资歧视——基于东北城市劳动力市场的经验研究［J］. 中国人口科学，2009（06）: 69—79，112.

[6] 葛玉好，曾湘泉. 市场歧视对城镇地区性别工资差距的影响［J］. 经济研究，2011，46（06）: 45—56，92.

呈现出基于因变量的变化自变量系数的变化，以流动人口为例，对于经济收入的分位数回归结果显示，在不同的分位数上，本地市民、农民工和外来市民的工资水平存在差异，农民工群体内部也存在工资差异。[①][②][③]

本书将在估计流动人口教育回报时使用分位数回归方法。分位数回归法能够提供在不同收入位置上教育对流动人口收入的影响大小，并且可以进一步对流动人口内部教育对收入作用的异质性进行户籍差异比较。

三、倾向值分析

在因果关系识别的过程中，纯随机实验的方法往往难以实现，倾向值作为一种近几十年来不断发展中的方法，为解决样本选择性问题进而进行更加有效的因果推断做出了贡献。倾向值分析方法最早见于Rosenbaum和Ruibin于1983年发表的《The Central Role of the Propensity Score in Observational Studies for Causal Effects》一文详细阐释了倾向值方法的原理、假设以及运用，为之后倾向值分析方法的发展打下了坚实的基础。

倾向值分析以Neyman-Rubin反事实框架为理论基础。其中，反事实的含义是在事件原因不存在的情况下个体发生的潜在结果，也就是说对于一个干预组的成员来说，如果其没有接受干预，会表现出什么结果；对于一个控制组的成员来说，反事实就是其接受了干预后表现出来的结果。但在实际的观察中，个体无法同时表现出接受干预和没有接受干预的状态，通常只能观测到干预组成员接受干预后的结果表现和控制组成员未接受干预的表现。反事实框架需要遵循两个假定：一个为可忽略的干预分配假定（Ignorable Treatment Assignment Assumption），其含义为在可观测的协变量保持不变的情况下，个体被分配到哪一种干预状态与潜在的结果无关；

---

① 王海宁，陈媛媛. 城市外来人口工资差异的分位数回归分析［J］. 世界经济文汇，2010（04）：64—77.
② 王震. 基于分位数回归分解的农民工性别工资差异研究［J］. 世界经济文汇，2010（04）：51—63.
③ 寇恩惠，刘柏惠. 城镇化进程中农民工就业稳定性及工资差距——基于分位数回归的分析［J］. 数量经济技术经济研究，2013，30（07）：3—19.

另一个为稳定的单元干预值假定（Stable Unit Treatment Values Assumption，SUTVA），该假设的含义是无论以何种机制将干预分配给该单元，以及其他单元的分配结果如何，该单位接受干预后的结果是一致的。当这两个假定被满足时，可以使用倾向值分析进行干预效应的计算。

在倾向值分析中，主要有Heckman两步法、倾向值匹配方法、匹配估计量以及使用非参数回归的倾向值分析等多种方法。其中，Heckman两步法是对样本中选择效应进行控制的开创性方法，其分析步骤是首先通过probit模型估算个体进入某种状态的可能性，接下来在控制个体参与项目的可能性后再来分析研究变量对于结果的影响。[1]

而倾向值匹配方法中也体现了Heckman两步法的思想。倾向值匹配的主要思想是首先将可能影响个体接受干预的协变量通过logit模型"降维"至一个单一的变量上，这个变量即被称为"倾向值"；接下来将基于倾向值来匹配干预组和控制组测成员，匹配的方法包括马氏距离匹配、最近邻居匹配、卡尺匹配、卡尺范围内的最近邻居匹配、最佳匹配、精细平衡等匹配。在匹配后还可以进行倾向值加权、回归类分析等。

倾向值匹配方法作为较新的一种方法，已经被广泛运用在需要对选择性进行控制的研究中。其运用范围较广，涵盖了诸多研究问题，如接受政府培训对于流动人口收入的效应、"农转非"效应的评估、个体上大学对收入的效应以及教育对健康水平的作用等。[2][3][4]

本书将在估算高等教育对流动人口收入的回报时使用倾向值匹配方法，将接受了高等教育作为干预组，高中受教育水平作为控制组。由于个体是否接受大学教育并不是一个随机的过程，因此需要在流动人口内部对个体接受高等教育的选择性进行控制。倾向值匹配的过程是基于倾向得分

---

[1] 胡安宁. 倾向值匹配与因果推论：方法论述评［J］. 社会学研究，2012，27（01）：221—242，246.

[2] 郑冰岛，吴晓刚. 户口、"农转非"与中国城市居民中的收入不平等［J］. 社会学研究，2013，28（01）：160—181，244.

[3] 胡安宁. 教育能否让我们更健康——基于2010年中国综合社会调查的城乡比较分析［J］. 中国社会科学，2014（05）：116—130，206.

[4] 阳玉香. 自选择、政府培训与流动人口收入提高［J］. 教育与经济，2017（04）：42—48.

为干预组在样本中寻找其反事实配对，并估算样本中已经接受了高等教育的人若未接受高等教育其工资水平如何，是否与接受高等教育后存在显著的差异。倾向值分析获得的结果将是干预组的平均干预效应（ATT，Average Treatment Effect of the Treated）。

四、工资分解法

广泛存在的收入差距、收入不平等现象引起了很多学者的研究兴趣，如工资的性别差异在国内外的大量研究中被发现。收入不平等研究已经梳理出众多影响收入水平和群体间收入差异的要素，如性别、受教育程度、行职业、地区差异等。为了解释收入差异的来源以及各项要素在收入差距中作用的大小，研究者提出了工资分解法，把两个群体的工资差距分解为各种因素的影响程度之和，并且可以得出各个因素对工资差距影响的重要性。工资分解方法从经济学中起步，基于工资"歧视"概念，最初是对性别间的工资差距进行分解，后经历了不断地更新和扩展，现在各类工资分解方法被广泛地运用在性别差异、部门差异、群体特质差异导致的工资差距研究中。

基于均值的工资分解法的类型较多，其中最经典和最基础的为Oaxaca-Blinder分解法。Oaxaca分解法以男性和女性的工资差异为切入点，希望达到两个研究目的：其一，衡量歧视的程度；其二，分析影响性别工资差距的各种因素的相对重要性。

Oaxaca分解法具有两个假设：一种假设是，在无歧视情况下，女性面临的工资结构也适用于男性；另一种假设是，在无歧视情况下，男性面临的工资结构也适用于女性。其分析步骤：为了估计男性和女性的工资结构，需要对男性和女性分别做Mincer方程回归。将男性和女性的Mincer方程两式相减并进行同时加减参数项进行变换，得到因个体特征不同导致的差异和不可被解释的特征（歧视）导致的差异。

Oaxaca分解法基本形式如下：

$$D = \frac{(W_m/W_f) - (W_m/W_f)^0}{(W_m/W_f)^0} \tag{1}$$

式（1）中：m 为男性；f 为女性；W_m/W_f 为男女工资比率；$(W_m/W_f)^0$ 为无歧视情况下男女工资比率。

经过分性别Mincer方程的估计和相减，得到性别间工资差异的两个估计式：

$$\ln \overline{W}_m - \ln \overline{W}_f = \Delta \bar{x} \hat{\beta}_f + \bar{x}_m \Delta \hat{\beta} \tag{2}$$

$$\ln \overline{W}_m - \ln \overline{W}_f = \Delta \bar{x} \hat{\beta}_m + \bar{x}_f \Delta \hat{\beta} \tag{3}$$

式中：$\Delta \bar{x} \hat{\beta}_f$ 和 $\Delta \bar{x} \hat{\beta}_m$ 代表了无歧视情况下的男女工资比率。即$\ln(W_m/W_f)$。前一部分表示男女个人特征不同引起的工资差距，后一部分表示歧视引起的工资差距。

但Oaxaca分解法存在着一些缺陷：第一，Oaxaca分解方法结果同加入解释变量的个数有关。一般来说，加入的个数越多，得到的歧视度量值越小。第二，一些不可被观测的个体特征差异会被归结到歧视项，可能会高估歧视的作用。第三，Oaxaca分解也存在低估歧视的可能。第四，式（2）和式（3）是两种关于无歧视情况下工资结构的假设，原文中作者未说明如何在这两种次序进行选择，在某些情况下，这两种结果差别非常大。该问题在文献中被称为指数基准问题（index number problem）。第五，Oaxaca分解法未能考虑到男女在就业部门间的选择性问题。[1]

在工资分解法的发展过程中，以Oaxaca分解法为基础，衍生出了多种不同的分解方法，这些方法使用越来越精细的分类以及加入对选择性的考虑，试图将真正的"歧视"部分分离出来。例如Cotton针对Oaxaca分解法中的指数基准问题，将劳动力市场中男女劳动者比例加入分解式，把歧视对性别工资差距的影响进一步分成两部分：劳动力市场对男性的优惠和对女性的惩罚，改进了Oaxaca分解法。由于Oaxaca分解法和Cotton分解法都没能对无歧视工资选择机制做出有依据的判断，Neumark分解法提出了以雇主

---

[1] 葛玉好，赵媛媛. 工资差距分解方法之述评 [J]. 世界经济文汇，2011（03）：110—120.

歧视理论为依据的无歧视工资选择机制，并将个人特征的影响纳入考虑范围，进一步细化了歧视的来源。

Brown分解法是使用的较为广泛的一种工资分解法，仍然以性别间的收入差距为研究对象，在Oaxaca分解法的基础上加入了部门选择的考虑，强调职业分布对工资差异的影响，贯通了职业分隔与同工不同酬之间的联系，是对Oaxaca分解法的改进。[1]

由于Brown分解中存在"选择性偏差"问题，即能力高的劳动者会选择在高工资行业就业，能力低的劳动者会选择在低工资行业就业，研究者一直致力于解决工资分解方法中的选择性问题。Neuman和Oaxaca提出将工资分解法与Heckman两步法结合起来，以解决选择性问题。在实际研究中，首先使用probit回归计算出个体进入专业市场的概率，生成逆米尔斯比率，作为下一阶段工资方程的一个回归项，产生影响的协变量有受教育年限、居住时长、种族等。在工资方程中，将逆米尔斯比率作为自变量加入，获得控制了进入市场的选择性后的各要素对工资的贡献大小。研究结果带来的启示是，如果歧视是工资不平等的主要来源，那么可以通过法律法规进行调节；如果工资不平等是因为职业隔离的存在，也就是职业选择性的存在，那么就需要通过政策的引导来进行就业分配，这就将职业选择性的意义扩充到了实际的政府工作中。

以上从Oaxaca分解出发产生的一系列分解法都是基于工资均值进行分解，在工资分解法中，还有一类方法是基于分布进行分解，其中比较有代表性的是分位数分解法。分位数分解法是将分位数回归运用到工资分解中时，考察两个群体在整个工资分布上的差异。分位数分解不仅可以研究工资方程中系数变化对性别工资差距的影响，还可以研究解释变量分布的变化对工资性别差距的影响。[2]

工资分解法广泛运用于经济学、社会学的研究，使用该方法的目的通常是比较两个群组之间的工资差异，如对工资的户籍差异、性别差异进行

---

[1] 郭继强，姜俪，陆利丽. 双重指数基准矫正下Brown分解方法新改进 [J]. 数量经济技术经济研究，2013，30（06）：135—148.

[2] 葛玉好. 工资分布的性别差异：分位数分解方法 [J]. 上海经济研究，2007（04）：22—30.

讨论。本书将在讨论流动人口内部的户籍工资差异时使用工资分解法，并基于劳动力市场分割状况进一步进行各工作部门内部基于户籍分组的工资分解，目的在于考察流动人口内部的工资户籍歧视程度，以及这种基于户籍的歧视在工作部门间表现如何。

五、模型设定

本书根据研究问题的具体内容将选用不同的统计模型进行计算。下面分别说明主要使用的几种统计模型。在进行流动人口职业获得分析时，因变量为是否进入正式工作单位、是否进入国有部门、是否签订劳动合同、是否将个人发展列为首要工作回报期待这一系列二分类因变量，因此使用logistic回归进行分析。在进行受教育程度、户籍类别对流动人口工资的影响研究时，由于月工资收入为连续型变量，在经过相关检验后，将使用稳健回归进行估算；同时，为了反映教育作用的差异性，还将使用分位数回归方法讨论在不同收入位置上教育的作用。在进一步估算流动人口是否进入高中及以上教育和高等教育时，将使用倾向值匹配方法。在对流动人口收入歧视的分析中，将使用Oaxaca工资分解法，试图分解出"不可被解释"的歧视部分。本书主要使用的统计模型见表3-4。

表3-4 本书主要使用的统计模型

研究问题	模型选择	因变量	研究变量	控制变量
估算流动人口的职业获得	二分类logistic回归	单位部门（国有、集体=1，私营、外资=0）	户籍、受教育程度、年龄、流动特征	性别、是否党员、家庭背景
流动人口教育回报	稳健回归	月收入对数	受教育年限、受教育程度	性别、年龄、户籍、是否党员、工作经验、工作经验平方
	分位数回归			

续表

研究问题	模型选择	因变量	研究变量	控制变量
是否接受高等教育对收入的影响	倾向值匹配	月收入对数	是否接受高等教育	性别、年龄、户籍、父亲受教育程度、母亲受教育程度、父亲职业、母亲职业
基于户籍分组的工资分解，讨论工资差异在多大程度上是由于户籍歧视造成的	Oaxaca分解	月收入对数	户籍	性别、年龄、是否党员、受教育程度
流动人口收入的户籍差异在不同维度上的表现	稳健回归	月收入对数	户籍	单位部门、队列、地区

第四章　流动人口职业获得分析

本章是对流动人口的职业获得进行研究。目前对于流动人口就业部门的划分是基于国家—市场的视角，也有研究对流动人口的就业部门进行了正式与非正式、公有与私有、个体与临时等方式的划分。[①][②]结合本书所使用的数据，从两个角度划分流动人口的就业部门，首先划分有无正式工作单位，再依据单位性质将就业部门划分为国有部门和市场化部门，逐步深入讨论流动人口的职业获得。

本章对流动人口是否从事有正规单位的工作、是否进入国有部门工作、能否获得签订合同的工作以及职业回报期待进行logistic分析，主要的研究变量是户籍类别和受教育程度。这一部分分析的目的是在分析流动人口个体特征对就业选择的影响的基础上，重点讨论流动人口是否因为户籍因素遭遇到就业障碍，同时受教育水平的提高是否有助于减弱户籍带来的就业障碍。本章重点讨论的研究问题有以下三个：

1. 非农户籍流动人口是否在进入有正式单位的工作及国有部门时比农业户籍流动人口更具优势？

2. 受教育水平的提高是否有助于流动人口进入更加正规、稳定的工作部门？

3. 流动人口的职业期待是否有户籍差异性？

本章的分析针对流动人口在分割的劳动力市场环境下职业获得过程的三个方面进行。首先估计户籍对流动人口职业进入的影响；其次在劳动力

[①] 杨凡. 流动人口正规就业与非正规就业的工资差异研究——基于倾向值方法的分析[J]. 人口研究, 2015, 39（06）: 94—104.

[②] 杨凡. 非正规就业对流动人口社会融合的影响研究——基于北京市调查数据的分析[J]. 中南财经政法大学学报, 2016（06）: 30—35, 159.

第四章 流动人口职业获得分析

市场分割理论下讨论户籍要素对流动人口是否进入正式单位工作、是否进入国有单位工作的影响；再次讨论流动人口工作稳定性的影响因素，以是否签订劳动合同为因变量；最后从流动人口的自我职业选择角度出发，讨论流动人口的工作回报期待的年龄差异和户籍差异。

第一节 流动人口职业获得的影响因素

表4-1给出了流动人口工作单位进入的logistic回归结果，模型（1）以是否进入正式工作单位为因变量，参照组为无正式工作单位；模型（2）以进入国有单位还是市场化单位为因变量，其中参照组为市场化单位。从总体上看，流动人口进入正式单位工作和国有单位受到了户籍、受教育程度、流动特征、父亲职业和所在地区的影响，个人特征的作用明显。下面将分别从研究变量和控制变量两个角度分析回归结果。

表4-1 流动人口单位进入logistic回归结果

变量	模型（1）	模型（2）
	有正式单位 VS 无单位	国有部门 VS 市场化部门
	β	
非农户籍	0.6557***	0.8183***
	（0.1879）	（0.2182）
受教育程度（0=没读过书）		
小学	0.8451*	0.1960
	（0.3568）	（0.8937）
初中	0.7430*	0.2388
	（0.3398）	（0.8585）
高中	1.2936***	0.6480
	（0.3574）	（0.8597）
专科	2.0537***	0.9560
	（0.4151）	（0.8726）
本科及以上	2.7656***	1.1390
	（0.4835）	（0.8794）

续表

变量	模型（1）	模型（2）
省际流动	0.3387*	−0.8968***
	（0.1486）	（0.2045）
年龄	−0.0290***	0.0372***
	（0.0072）	（0.0099）
男性	0.0327	0.0721
	（0.1345）	（0.1841）
中共党员	0.7732	0.6071*
	（0.4104）	（0.3002）
父亲职业（0=务农）		
负责人	−0.8892**	0.4748
	（0.2775）	（0.3513）
专业技术人员	−0.1382	0.0966
	（0.2833）	（0.3254）
办事人员	0.1089	0.7953*
	（0.4612）	（0.3982）
商业服务业人员	−0.5192*	0.0621
	（0.2335）	（0.3180）
生产运输建造类工人	0.1960	−0.1912
	（0.1910）	（0.2535）
所在地区（0=东部）		
中部	−0.2731	0.3668
	（0.1913）	（0.2442）
西部	−0.5348**	0.6061*
	（0.2010）	（0.2523）
常数项	0.5518	−3.4740***
	（0.4762）	（0.9625）
N	1299	890
chi2	215.4067	185.1721
ll	−687.7485	−396.0229

注：*$p<0.05$，**$p<0.01$，***$p<0.001$

一、流动人口是否进入正式单位工作影响因素分析

表4-1中的模型（1）是流动人口是否进入正式单位工作的logistic回归

结果。首先从研究变量来看，户籍变量在所有模型中均呈现出显著的正向作用，这说明非农户籍在流动人口进入正式单位工作时具有明显的促进作用。在其他变量保持不变的情况下，非农户籍流动人口进入正式单位工作的发生比是农业户籍流动人口的1.93（$e^{0.6557}$）倍，高出农业户籍流动人口将近一倍。这一结果说明，在控制了个体特征、流动特征后，非农户籍的正向作用仍然存在，农业户籍流动人口在城市劳动力市场中的正式单位进入相较于非农户籍流动人口存在劣势。这一方面可能与农业户籍流动人口的人力资本存量较低、非农工作经验较少有关，正式工作单位对劳动力相关技能的要求可能较高，农业户籍流动人口总体上受制于较低的人力资本，在进入正式工作单位时面临较大的困难；另一方面可能与劳动力市场中的雇主偏好有关，部分雇佣单位可能存在对农业户籍流动人口的歧视，从而使这部分流动人口更有可能流向无正式单位的工作岗位。

从控制变量的角度来看，各教育阶段均呈现出显著的正向作用，且回归系数随着教育程度的提高而增大，呈现出阶段性的特征。这说明在控制其他变量的情况下，流动人口受教育程度的提高对其职业获得具有正向作用，有助于流动人口进入正式劳动力市场、获得更加稳定的工作。省际流动变量呈现出正向显著的作用，与省内流动者相比，跨省流动者进入正式单位工作的发生比是其1.40（$e^{0.3387}$）倍。长距离跨省流动者在进入正式单位就业上的优势可能与其自身的正向选择有关，如更高的教育程度、更强的个人能力、更好的健康状况等，能够帮助他们减少跨省流动时的成本，并能够在流入地劳动力市场中展现出一定的竞争力，从而获得进入正式单位工作的机会。地区变量也显示出对流动人口进入正式单位工作的影响作用，与在东部地区的流动人口相比，流入西部地区的流动人口进入正式单位工作的发生比仅相当于其的58.58%（$e^{-0.5348}$），这说明在西部地区就业的流动人口仍然面临进入正式工作单位的障碍。

二、流动人口是否进入国有部门工作影响因素分析

表4-1中的模型（2）是对流动人口是否进入国有部门的logistic回归结

果，以进入国有单位还是市场化单位为因变量，其中参照组为市场化单位。从总体上看，非农户籍的影响仍然十分显著，受教育程度未能体现出显著的作用；在控制变量中，省际流动对进入国有部门有负向影响，年龄则体现出显著的正向作用，以党员身份为代表的政治资本显示出正向作用。

首先来看研究变量，与农业户籍流动人口相比，具有非农户籍的流动人口进入国有部门的发生比是其2.267（$e^{0.8183}$）倍，高出农业户籍流动人口一倍多，这说明非农户籍在进入国有单位时具有比较明显的优势。

在个体维度的控制变量中，年龄、流动特征和党员身份的作用比较突出，教育程度变量在国有单位模型中并不显著。年龄的提升对流动人口进入国有部门具有显著的正向作用，根据模型（2）的结果，年龄每增加一岁，流动人口进入国有部门工作的发生比将增加0.04倍（$e^{0.0372}-1$）。这一作用模式可能与其工作经验有关，年龄较长的流动人口较刚进入劳动力市场的流动人口有更加丰富的非农工作经验，由此增加了其进入国有部门的可能性。

从流动特征来看，省际流动对进入国有部门具有负向作用，与省内流动者相比，跨省流动者进入国有部门的发生比越低，进入市场化部门的发生比越高。在其他条件不变的情况下，省际流动者进入国有部门的发生比只相当于省内流动者的40.8%（$e^{-0.8968}$），比省内流动者有所降低。

对于流动人口而言，党员身份对进入国有部门而非市场化部门具有显著的正向作用，与不是中共党员身份的流动人口相比，具有党员身份者进入国有单位的发生比是其1.84的（$e^{0.6071}$）倍。这一结果说明国有部门对劳动力的吸纳仍然对政治身份较为看重，具有党员身份可以看成是个体的政治资本，成为中共党员意味着通过了一系列的考察，是对个人相关素质的肯定。一方面可能部分国有单位的岗位有政治身份的要求；另一方面党员身份代表了个体所拥有的一些国有部门所看重的素质，这两种机制叠加在一起显示出党员身份对流动人口进入国有部门的促进作用。

所在地区变量显示出，在西部地区进行就业的流动人口相较于在东部地区的流动人口更有可能进入国有单位工作，其进入国有单位的发生比较东部地区流动人口高了0.83（$e^{0.6061}$）倍。这说明流动人口的就业会受到流入地特征的影响，我国存在着经济发展、产业结构的地区差异，东部地区劳动力市场的竞争更为激烈，进入国有单位的难度较大，西部地区的竞争相对较小，提高了进入国有单位的可能性；同时也有可能与地区之间劳动力岗位需求的差异性有关。本书对于流入地地区的划分是以地理范围较大的东中西为标准，若能进一步获得流入地的城市规模、经济发展水平、产业结构等信息，则可以进行更深入的分析。

三、模型比较

比较流动人口是否进入正规单位工作与是否进入国有单位的模型结果可以发现，"非农户籍"在两个模型中均显示出显著的正向作用，这说明流动人口在进入劳动力市场时显示出户籍差异，这种差异不仅表现在是否能进入正式单位上，在进入何种性质的单位上也有所体现，非农户籍流动人口在进入正式单位和国有单位的过程中均比农业户籍流动人口有优势。教育变量在正式单位进入模型中正向显著，但在国有部门进入模型中并不显著，这说明在部门分割的背景下，在其他条件不变的情况下，流动人口受教育程度的提高对他们进入国有部门工作的可能性没有显著影响。年龄和省际流动变量在国有部门和市场化部门中的作用相反，政治资本仅在国有部门进入模型中正向显著，地区变量也在模型间呈现出相反的作用模式。以上结果说明，在进入正式单位和国有部门的过程中，户籍的作用是显著且一致的，控制变量作用方向的差异反映了个具体要素在进入劳动力市场中的不同作用，在不同类别的工作岗位进行劳动力雇佣时，所看重的要素可能存在不同，体现了劳动力市场进入模式的差别。

单位作为一种集体组织，具有较为稳定、组织架构明晰等特点，同时正式单位能够为劳动者提供较为稳定的工作保障。在当前的社会背景下，国有部门虽然已经不再像"单位制"时期时能够提供全方位的生活服务措施，但其仍然拥有就业稳定、进入门槛较为严格等特点，与市场化部门仍存在一定的差别。流动人口的规模随着市场化的进程不断推进而扩大，其就业也出现了一定程度的分化。综合本节模型的结果，流动人口是否进入正式单位工作受到户籍、教育程度、流动距离的影响；是否进入国有部门受到户籍因素、政治资本以及自身流动特征的影响。从户籍差异角度来看，流动人口内部确实因为户籍差异而产生了就业分流，具有非农户籍的流动人口在进入正式单位和国有部门的过程中占有优势。

第二节 流动人口劳动合同签订影响因素分析

在进入工作单位后，是否签订劳动合同是衡量个体就业质量的重要要素。首先对流动人口签订劳动合同的情况进行描述性分析，图4-1展现了基于户籍、工作部门分类的流动人口劳动合同签订情况。从总体上看，样本中流动人口签订劳动合同的比例为64.62%，超过了半数；从户籍角度来看，农业户籍流动人口签订劳动合同的比例为59.47%，非农户籍流动人口为73.87%，非农户籍流动人口的劳动合同签订状况优于农业户籍流动人口；从单位的角度来看，在国有部门内部，流动人口签订劳动合同的比例为80.11%，这一比例在市场化部门内部为65.76%，说明国有部门内部的劳动就业规范性更高。以上是对流动人口劳动合同签订状况的简要概述，未对相关因素加以控制，对流动人口签订劳动合同影响因素的讨论需要使用logistic回归进行分析。

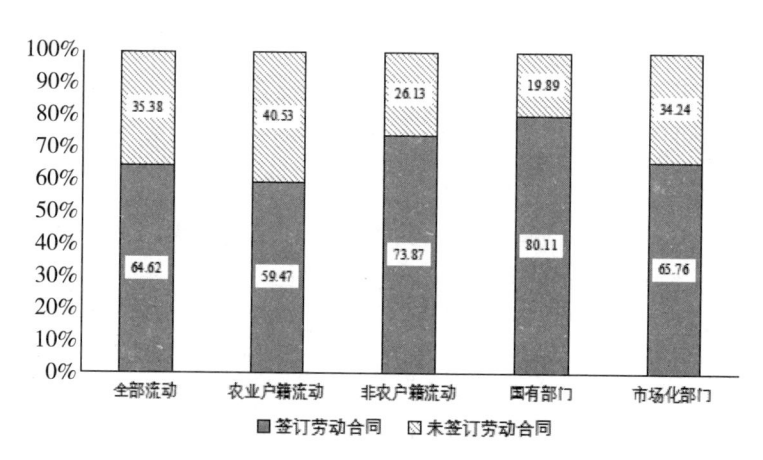

图4-1 流动人口劳动合同签订情况

第四章 流动人口职业获得分析

表4-2给出了流动人口当前工作是否签订了劳动合同的logistic回归结果。首先构建仅包含社会人口学变量和地区变量的控制模型，其次加入代表人力资本和政治资本的教育和党员变量，最后加入单位类型变量，逐步讨论流动人口的合同签订影响因素，尤其是是否存在户籍差异。

从控制模型的结果中可以看出，如果仅对性别、年龄、地区特征进行控制，流动人口是否签订劳动合同显著地受到户籍要素的影响，表现为与农业户籍流动人口相比，非农户籍流动人口签订劳动合同的发生比是其的2.28倍，说明非农户籍流动人口更有制度性的劳动保障。

当逐步向模型中加入教育、党员、单位类型变量时，可以发现"非农户籍"的作用不再显著，说明户籍对签订劳动合同的效应被教育、党员、单位类型所分解，不同户籍流动人口在签订劳动合同上没有显著差别。模型（2）的结果显示，在加入教育和党员变量后，教育变量高度正向显著，且呈现出阶段性的特征，与没有读过书的流动人口相比，随着受教育水平的提高，签订劳动合同的发生比也随之提高。签订劳动合同是一项制度化的规定，与单位性质紧密相关，因此模型（3）加入单位类型变量。模型结果显示在国有单位工作的流动人口签订劳动合同的发生比是在市场化部门中工作的流动人口的2.04（$e^{0.7133}$）倍，这说明在国有单位工作的流动人口更有可能获得制度性的劳动保障，这可能与国有部门和市场化部门内部的岗位结构、规章制度有关。例如，国有部门需要通过签订劳动合同实现对劳动者的统一管理，同时市场化部门中的一些岗位人员流动性较高，管理较为松散，在劳动合同签订上与国有部门、市场化部门的其他岗位产生了差距。

从地区角度来看，东部地区的工作保障水平明显高于中西部地区，在总模型中，相较于东部地区，中部地区流动人口签订劳动合同的发生比是其43.83%（$e^{-0.8249}$），这说明流动人口的劳动合同签订状况存在地区差异，东部地区总体上经济发展速度较快且较为成熟，劳动力需求旺盛，同时也是流动人口高度聚集的地区，综合各项因素，使其劳动保障水平优于其他地区。

综上可以看出，在是否签订劳动合同这一事件中，并未产生户籍分化，在这一过程中流动人口本人的教育程度起到了重要的作用。通常来说，高教育水平对应着更加稳定的工作，从宏观上看对应着初级劳动力市场，并且在初级劳动力市场内部规范性更强，使其工作更具有保障性。签订劳动合同对于劳动者来说具有重要的作用和意义，签订劳动合同实际上是对劳资双方权利和义务的约定，特别是在存在劳动争议时减少劳动者的损失。对于流动人口群体来说，由于户籍制度的存在，在流入地的社会保障水平无法与城市本地居民等同，在劳动力市场中如果继续缺乏有效的劳动合同的保护，其自身的合法权益无法得到保障，进一步加剧了他们在流入地的弱势地位。

根据国家统计发布的历年《全国农民工监测调查报告》[①]，据抽样调查结果的推算，2012年至2016年，农民工签订劳动合同的比例分别为43.9%、41.3%、38%、36.2%和35.1%，呈现出比较明显的下降趋势，这说明农民工的劳动权益保障急需改善。同时，2013—2016年被拖欠工资的农民工比重分别为1%、0.76%、0.99%、0.84%，从拖欠工资的额度上来看，外出农民工[②]的被拖欠工资额度高于本地农民工[③]，这说明户籍不在本地的农民工在流入地劳动力市场中处在更加弱势的地位。结合本节的数据分析结果，可以看出流动人口劳动合同签订的户籍差异可以被受教育水平、所在单位类型所分解，但从全国性农民工专项调查结果来看，流动人口的劳动合同签订比例出现了下滑，对流动人口劳动权益的保障不仅要关注是否签订了劳动合同，劳动合同的执行情况如何也值得进一步关注。

表4-2 流动人口是否签订劳动合同logistic回归结果

变量	模型（1）	模型（2）	模型（3）
	控制模型	（1）+教育程度、党员	（2）+单位性质
	β		
非农户籍	0.8238***	0.1334	−0.0265
	（0.1194）	（0.1463）	（0.1616）

[①] 关于历年《全国农民工监测调查报告》的详细内容，可见国家统计局网站，http://www.stats.gov.cn/tjsj/zxfb/201305/t20130527_12978.html 。
[②] 根据报告中的定义，外出农民工指的是"在户籍所在乡镇地域外从业的农民工"。
[③] 根据报告中的定义，本地农民工指的是"在户籍所在乡镇地域以内从业的农民工"。

续表

变量	模型（1）	模型（2）	模型（3）
受教育程度（0=没读过书）			
小学		0.8936*	0.8866
		(0.3827)	(0.4578)
初中		1.1944**	1.1699**
		(0.3698)	(0.4447)
高中		2.1677***	2.0542***
		(0.3842)	(0.4579)
专科		2.4642***	2.2857***
		(0.4033)	(0.4752)
本科及以上		3.0062***	2.6763***
		(0.4256)	(0.4945)
中共党员		−0.4920*	−0.4971*
		(0.2306)	(0.2508)
省际流动		0.1992	0.2372
		(0.1275)	(0.1399)
国有单位			0.7133***
			(0.1785)
年龄	−0.0197***	0.0030	0.0020
	(0.0056)	(0.0062)	(0.0070)
男性	−0.0471	−0.1584	−0.2625*
	(0.1084)	(0.1153)	(0.1266)
所在地区（0=东部）			
中部	−0.6938***	−0.7362***	−0.8251***
	(0.1495)	(0.1666)	(0.1799)
西部	−0.4141*	−0.3745*	−0.3781
	(0.1747)	(0.1886)	(0.2069)
常数项	1.1920***	−1.1190*	−0.8397
	(0.2097)	(0.4554)	(0.5306)
N	1611	1597	1430
chi2	76.9638	206.4805	166.3745
ll	−1007.1002	−931.9953	−797.0209

注：* $p < 0.05$，** $p < 0.01$，*** $p < 0.001$

第三节　流动人口工作期待的差异性分析

本章的第一节、第二节分别就流动人口是否进入正式单位工作、是否进入国有部门工作、是否签订劳动合同进行了分析。个体的就业过程是求职者和雇主之间双向选择的过程，雇主根据求职者的资质决定是否雇佣，而求职者本身也存在一定的就业期待。根据新古典经济学模型，如刘易斯二元经济理论，农村剩余劳动力因其零边际生产力，会流动到城市以获得经济收入，这是基于个体利益最大化的假设做出的理论模型。在现实情况中，个人利益最大化假设并不始终成立，如基于新迁移经济学理论，个体的迁移决策受到个人之外的家庭要素的影响。因此在流动人口的职业获得分析中，对职业选择的考察同样具有比较鲜明的现实意义。

从生命历程和队列的角度来看，流动人口在其生命历程的不同阶段会经历不同的就业选择。例如，已经进入中年的流动人口，他们已经在流入地生活多年，可以认为是在城市中工作和生活较为成功的群体，也是经历了高度正向选择后留下的群体，那些无法继续在城市生活的流动人口已经选择离开。而新一代流动人口的就业选择可能与之不同，第三期妇女地位调查结果显示，乡城流动人口中30岁以下的青年有较高的比例"想在城市里寻求发展"，因为"家里需要钱"；而外出的比例远低于30岁以上的流动人口，青年流动人口有更高的比例是"想见世面"或"增强技能"。[①]因此对于流动人口内部而言，其职业选择决策很可能因为年龄段的不同而相异，在生命历程的不同阶段，个体外出流动是基于个体利益最大化的假设的适用性可能有所区别。

由于数据变量的限制，2014年的数据无法进行更加详细的流动人口职

---

① 郑真真.中国流动人口变迁及政策启示［J］.中国人口科学，2013（01）：36—45，126—127.

业选择的分析，为了进一步说明流动人口内部特征差异导致的工作选择的不同，这里将使用CGSS2015数据进行分析。目的是从工作期待的角度说明流动人口内部并不一定遵循经济利益最大化的原则进行就业选择，而是随着个体特征的不同产生了就业选择的差异性。将年龄段与工作回报期待进行列联表分析，并进行卡方检验。

一、流动人口工作期待概况

表4-3给出了全部流动人口年龄段和工作回报期待的交互表结果，图4-2则将结果使用直方图更直观地表现出来。从表中可以看出，年龄段和工作回报期待显著相关，从总体上看，随着年龄的增长，选择"个人发展"类的比重在下降，而选择"获得稳定的收入和保障"的比重在上升，希望"获得社会声望和权力"的比重除了18—24岁组其余年龄组未超过10%，也呈现出随年龄增加比重下降的趋势。分各个年龄段来看，在18—24岁年龄组中，工作回报期待选择"获得稳定的收入和保障"类的百分比为57.97%，选择"个人发展"类的百分比为31.88%，两者的差值为26.09%；在25—29岁和30—34岁的流动人口群体中，对工作回报的首要期待是"获得稳定的收入和保障"的占比进一步提高到64.63%和74.00%，其中30—34岁组对25—29岁组高出了将近10个百分点，而选择为"个人发展"的百分比分别下降到27.44%和19.33%。值得注意的是在35—39岁组中，将首要工作期待选择为"个人发展"的比例有所回升，与之相伴的是选择"获得社会声望和权力"比重的上升和选择"稳定收入"比重的下降。但这一变化的幅度并不是很大。在进入中年阶段后，对稳定收入的追求逐渐上升，其百分比都超过了80%。在流动人口高年龄段（50岁以上）中，首要工作期待为收入稳定类的比重上升到了82.69%，而个人发展作为首要期待的比重进一步下降到10.58%。这说明在流动人口内部越年轻的流动人口对通过流动实现个人发展的追求更加明显，而随着年龄的增长对工作稳定的追求越强烈，但在工作生涯的中期会出现对个人发展追求的小幅度提升，这可能与个人工作经历、工作经验积累等有关，通常这一年龄段的工作者已经在流

入地工作了较长时间，积累了一定的工作经验和人脉关系，同时身体状态未出现明显下降并且未来的工作年限也较长，在这一阶段很可能选择自我创业、自我雇佣、转换工作等形式来进一步实现自己的人生追求。

表4-3 全部流动人口年龄段和工作回报期待

年龄段	获得稳定的收入和保障（%）	获得社会声望和权力（%）	个人发展（%）	总计（N）
18—24岁	57.97	10.14	31.88	69
25—29岁	64.63	7.93	27.44	164
30—34岁	74.00	6.67	19.33	150
35—39岁	71.31	7.38	21.31	122
40—44岁	80.67	4.2	15.13	119
45—49岁	83.96	3.77	12.26	106
50—60岁	82.69	6.73	10.58	104
总计	73.74	6.59	19.66	834

注：Pearson chi2（8）= 30.8909 Pr = 0.002

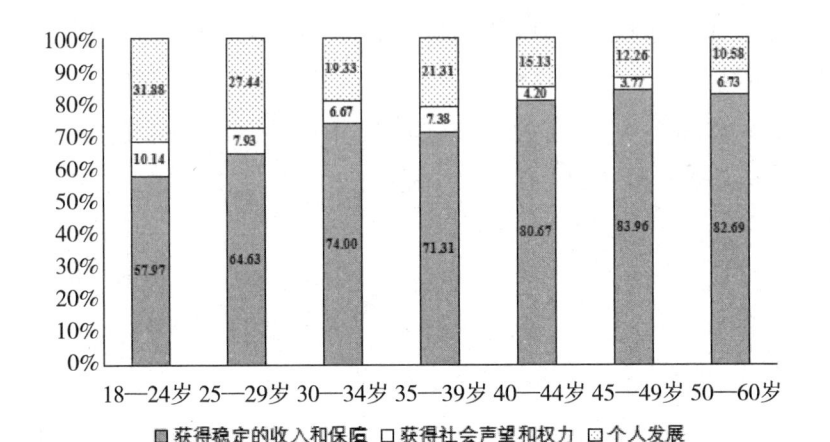

图4-2 分年龄段的全部流动人口工作回报期待

表4-4和表4-5分别给出了分户籍的流动人口年龄段和工作回报期待的交互表结果。可以看出，农业户籍流动人口的卡方检验显著，说明年龄工作回报期待之间存在着显著的相关，因此关注个体的不同生命历程阶段对分析其职业经历具有重要意义。由表4-4可以看出，年龄越小的流动人口更

愿意为了自己的个人发展、个人兴趣等作为工作回报的首要期待，而随着年龄的增长，获得更高的收入成为最为主要的工作期待。值得注意的是，在35—39岁年龄组中，选择"获得稳定的收入和保障"作为工作首要回报的比例呈现下降的现象，而将"个人发展"作为首要期待的比例出现了一定幅度的提升，这说明对于农业户籍流动人口来说，在壮年期有一个主观上希望实现自我发展的上升期。这可能与其在流入地生活了较长时间、积累了一定的工作经验和人际关系资源，可以视为对自身所累积的资源加以运用的一种信号。

表4-5显示，非农户籍流动人口的卡方检验并未显著，不能拒绝年龄段与职业目标之间无关的假设，未发现非农户籍流动人口的工作回报期待与其年龄相关，是否还存在其他的影响因素有待进一步分析。从总体上看，非农户籍流动人口工作回报首要期待为稳定的收入和工作的比例呈现上升趋势，但在40—44岁年龄组出现了回落；而选择个人发展作为首要工作回报期待的比例总体呈现下降趋势，在40—44岁年龄组处出现了回升；而选择"获得社会声望和权力"作为首要工作回报期待的比例呈现上下交替的模式，其中在40—44岁年龄组处达到最高，随后下降，并且在50—60岁组中出现了小幅度的回升，这一变化模式与农业户籍者不同。在"个人发展"项中，非农户籍流动人口的选择比例均高于同一年龄段的农业户籍流动人口，且在流动的高龄阶段出现了一定程度的回升，可能与个人的追求有关。

表4-4 农业户籍流动人口年龄段和工作回报期待

年龄段	获得稳定的收入和保障（%）	获得社会声望和权力（%）	个人发展（%）	总计（N）
18—24岁	55.10	14.29	30.61	49
25—29岁	65.18	7.14	27.68	112
30—34岁	76.04	7.29	16.67	96
35—39岁	70.59	5.88	23.53	85
40—44岁	86.52	0	13.48	89
45—49岁	85.14	2.7	12.16	74
50—60岁	86.11	5.56	8.33	72
总计	75.39	5.72	18.89	577

注：Pearson chi2（8）= 38.1164 Pr = 0

表4-5　非农户籍流动人口年龄段和工作回报期待

年龄段	获得稳定的收入和保障（%）	获得社会声望和权力（%）	个人发展（%）	总计（N）
18—24岁	63.16	0	36.84	19
25—29岁	64.71	7.84	27.45	51
30—34岁	70.37	5.56	24.07	54
35—39岁	72.97	10.81	16.22	37
40—44岁	63.33	16.67	20.00	30
45—49岁	81.25	6.25	12.50	32
50—60岁	75.00	9.38	15.63	32
总计	70.2	8.24	21.57	255

注：Pearson chi2（8）= 11.6941 Pr = 0.471

二、流动人口工作期待影响因素分析

接下来进一步对流动人口的工作回报期待进行logistic回归分析，因变量是二分类的工作期待变量。其中，"获得社会声望和权力"这一选项的回答数过少，而模型中选用的自变量较多，因此未将这一类结果纳入因变量的范围。本模型以"获得稳定的收入和保障"作为参照组，赋值为0；将"个人发展"赋值为1。方程中纳入的自变量有受教育年限、户口、年龄段、性别、父亲受教育年限、14岁时家庭社会经济地位自评和个人社会地位自评。表4-6给出了全部流动人口、区分了流动人口户籍的回归结果。

从logistic回归结果可以看出，随着受教育年限的提高，相对于提高收入为工作回报期待，流动者更有可能选择自我发展作为工作回报期待，并且这一点在农业户籍流动人口中显著。年龄的作用为负向显著，说明随着年龄的增长，更不可能选择自我发展作为工作期待的目标。从户籍差异角度来看，年龄效应只在农业户籍流动人口中显著，这可能与农业户籍流动人口流出前的生活环境、流动动因等相关。相对于非农户籍流动人口，农业户籍流动人口流出前多生活在农村地区，在信息获取、自我发展等方面受到一定的限制，年轻的农村劳动力可能想通过外出流动来到城市，体验与自己成长环境不同的城市生活，同时城市中更加丰富的资源可以使他们有相对广泛的选择，更有可能实现自我发展的目标。同时农业户籍流动人口中将自己的社会地位评为较低者，相较于自评为与他人差不多者，更有可能将稳定的收入作为工作回报的首要期待，较低的社会地位自评往往与较低的收入水平相关联，而稳定的收入和工作能够使个体的经济收入和在流入地的生活得到相应的保障。

总结以上结果可以发现，流动人口中存在差异化的职业选择意向，较为年轻者更有可能从事能够提升个人发展的工作，随着年龄的增长，外出流动者对工作的要求趋于稳定，以获得更高的收入为主要期待。这说明职业选择与流动人口的生命历程相关联，若能结合具体的职业来分析，则可以获得更多信息。

表4-6 分户籍的流动人口工作回报期待logistic回归结果

变量	变量（1）全部流动	变量（2）农业户籍	变量（3）非农户籍
	β		
受教育年限	0.0948**	0.0845*	0.1376
	（0.0351）	（0.0414）	（0.0744）
年龄段（0=18-24岁）			
25-29岁	-0.4202	-0.4052	-0.3614
	（0.3294）	（0.3962）	（0.6076）
30-34岁	-0.9249**	-0.9341*	-0.8731
	（0.3517）	（0.4344）	（0.6175）
35-39岁	-0.6053	-0.4138	-1.0954
	（0.3606）	（0.4291）	（0.6933）
40-44岁	-0.8513*	-0.9577*	-0.5365
	（0.3897）	（0.4806）	（0.7028）
45-49岁	-1.0455*	-0.9076	-1.5045
	（0.4266）	（0.5139）	（0.8122）
50-60岁	-0.9448*	-1.1336	-0.6261
	（0.4505）	（0.5867）	（0.7426）

续表

变量	变量（1）	变量（2）	变量（3）
非农户口	-0.2293		
	（0.2355）		
男性	0.0078	-0.0483	0.2921
	（0.1880）	（0.2312）	（0.3392）
父亲受教育年限	0.0306	0.0171	0.0580
	（0.0274）	（0.0347）	（0.0478）
社会地位自评（0=与其他人差不多）			
较高	0.0198	-0.1578	0.6504
	（0.3972）	（0.5052）	（0.6936）
较低	-0.5518*	-0.5416*	-0.4993
	（0.2314）	（0.2711）	（0.4568）
14岁时家庭社会经济地位	-0.1037	-0.0464	-0.2350*
	（0.0574）	（0.0711）	（0.1012）
常数项	-1.3960**	-1.3614*	-2.1769
	（0.5233）	（0.6386）	（1.1757）
N	730	510	220
chi2	45.1166	31.3472	20.4450
ll	-360.0492	-246.3118	-110.0849

注：*$p<0.05$，**$p<0.01$，***$p<0.001$

第五章　全部流动人口教育回报分析

本章从流动人口在劳动力市场中的收入水平入手，重点讨论受教育程度对流动人口收入的回报率如何，并且进一步探讨流动人口的教育回报是否因户籍而异。本章主要通过三个步骤进行研究：第一步，估算流动人口的线性教育回报；第二步，在线性教育回报的基础上，进一步讨论义务教育结束后各阶段教育对流动人口的收入回报水平；第三步，讨论流动人口教育回报的户籍差异性。在本章中使用的是CFPS2014和CLDS2014合并数据，使用的方法包括稳健回归、分位数回归等。本章的研究问题如下：

1. 流动人口的线性教育回报水平如何？是否存在户籍差异？
2. 流动人口的阶段教育回报水平如何？特别是高等教育回报中是否存在户籍差异，并对高等教育进行层级划分，进一步细化教育回报水平的比较。

本章希望通过对以上研究问题的分析，讨论制度性要素（户籍）对于基于市场化逻辑的教育回报过程会产生怎样的影响，是否会进一步造成就业结果的不平等。

第一节　分户籍的流动人口受教育程度和收入水平描述性分析

首先来看不同户籍流动人口受教育程度分布状况，在2014年样本中，全部流动人口的平均受教育年限为11.05年；农业户籍流动人口平均受教育年限为9.77年，约为小学毕业水平；非农户籍流动人口则为13.55年，已超过高中教育水平。图5-1给出了分户籍的流动人口受教育程度分布状况，可以看出，农业户籍和非农户籍流动人口的受教育结构有较大的差别。在农业户籍流动人口中，有41.39%的人为初中教育，随后为高中教育和小学教育水平；而非农户籍流动人口在较高受教育阶段上分布较多，其中本科及以上受教育程度者占全部非农户籍流动人口的33.56%，远高于农业户籍流动人口的4.69%。由此说明，流动人口内部因户籍的不同而产生了较大的受教育结构的分化。

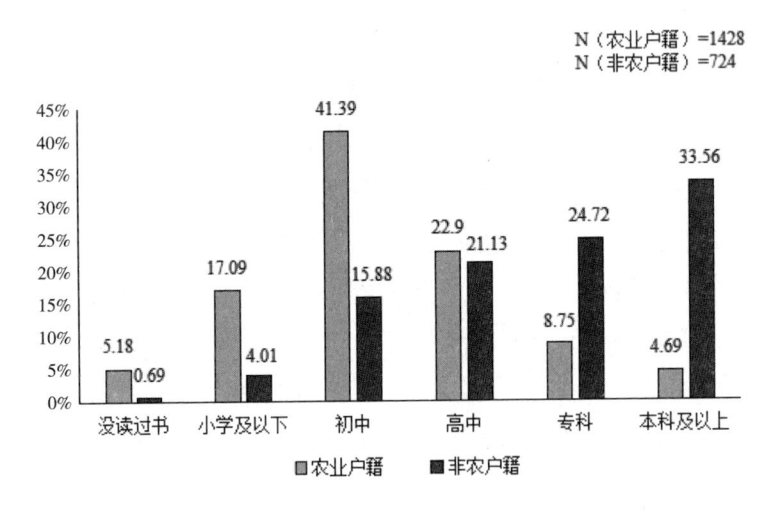

图5-1　分户籍类别的流动人口受教育程度分布

表5-1对流动人口分户籍的受教育程度和收入水平进行了分析，从表5-1可以看出，在全部流动人口中，随着受教育程度的提高，月工资收入均值也在上升，在高等教育阶段上升的幅度更大。图5-2更加直观地展现了分户籍的流动人口受教育程度与收入之间的关系，图中的数据点表示相应受教育程度的组均值，为了区别显示，将非农户籍流动人口的均值加上了下划线。可以看出，在高中及以下受教育水平中，农业户籍和非农户籍流动人口的月工资收入均值呈现比较接近的态势，但在没读过书一类中，非农户籍流动人口的月工资收入均值远低于农业户籍流动人口，经检查发现改组非农户籍流动人口案例数极少，只有3个，其收入分别为0元、108.33元和1833.33元，受到了极端值的影响。在专科水平上流动人口月工资收入均值的非农合农业户籍差异为657.15元，在本科及以上水平时这一差距增大为

2023.46元。可以看出在高等教育阶段，非农户籍流动人口的月工资收入均值逐步与农业户籍流动人口拉开距离，且差距越来越大。

通过对流动人口受教育程度及其与收入均值之间关系的分析，可以认为流动人口内部存在较大的受教育结构差异，并且其收入水平也随着受教育程度的变化而变化，户籍间的基于受教育程度的收入水平也存在较大差异，在此基础上，本章接下来内容将进一步分析流动人口教育回报问题及其户籍差异。

表5-1　分户籍和教育程度的流动人口月工资收入均值　　　　单位：元

教育程度	全部流动	农业户籍	非农户籍
没读过书	1527.18	1550.99	647.22
小学	2327.40	2304.55	2561.67
初中	2624.99	2626.02	2646.73
高中	3306.90	3352.70	3184.71
专科	3907.78	3531.05	4188.20
本科及以上	6342.42	4738.92	6762.38
组均值	3463.59	2880.54	4624.78
样本量	1836	1215	621

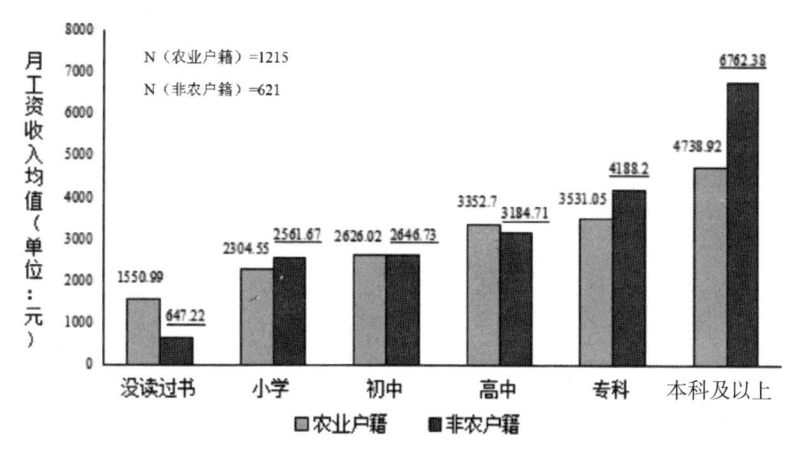

图5-2　分户籍和教育程度的流动人口月工资收入均值

为了检验不同户籍流动人口的收入分布情况，将使用核密度函数进行估计。核密度估计是一种估计概率密度函数的非参数方法，使用相应的核

101

函数来拟合所观测到的数据点，进而对真实的概率分布曲线进行模拟，其核密度估计图较直方图更为精细。图5-3为基于分户籍的流动人口月工资收入的核密度估计，图中实线代表农业户籍流动人口，虚线代表非农户籍流动人口。可以看出，非农户籍流动人口收入的总体分布较农业户籍流动人口更加右偏，说明非农户籍流动人口的收入更加集中在较高的位置上。从分布顶点的位置来看，非农户籍流动人口相较于农业户籍流动人口同样向右偏移。约在横坐标9的位置，非农户籍流动人口收入分布的曲线明显突出；约在横坐标5—7的位置，代表非农户籍流动人口的曲线较之农业户籍流动人口下凹。由此可以看出，在较低收入位置上非农户籍流动人口的分布较少，而在较高收入位置上其分布高于农业户籍流动人口。同时还可以看出，本研究所使用的样本有一定比例的案例在0收入处产生了堆积。

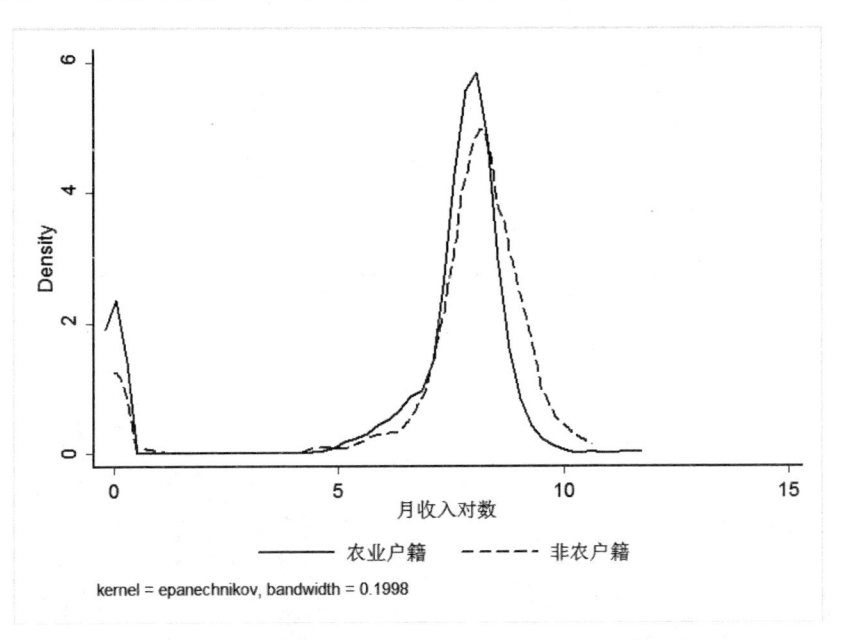

图5-3 分户籍类别的流动人口月工资收入对数核密度估计

第二节 流动人口线性教育回报及户籍差异

根据舒尔茨的贝克尔的人力资本理论，人力资本包括了教育水平、工作能力、个体健康等一系列要素，人力资本可以通过投资获得，其中教育是人力资本中受到广泛关注的要素。对于教育投资的回报可以从两个方面来看，一是个体回报率，是对教育水平与个人收入之间关系的讨论；二是社会回报率，讨论的则是社会平均人力资本水平的提高与经济发展和增长之间的关系[①]，本节所关注的是个体层面的教育回报水平。

一、模型设定

在早期关于教育与收入的研究中，明瑟方程是一个非常重要的估计模型。这一模型关注的是个体的人力资本状况与其收入水平之间的关系。明瑟方程中的人力资本要素通过进入劳动力市场前的个人教育水平和进入劳动力市场后的工作经验这两个变量来表达，其基本形式为：

$\ln(income)=\alpha+\beta_1 eduy+\beta_2 woryear+\beta_3(workyear)^2+\varepsilon$

模型的因变量为年收入对数。在自变量中，eduy 代表了个体的受教育年限，β_1 即为研究所关心的线性教育回报，可以解释为每增加一年受教育年限，收入对数会随之增加多少。workyear 和（workyear）^{2} 代表了工作经验和工作经验的平方。

明瑟方程关注的是人力资本与收入之间的关系，因此其形式较为简单，只加入了教育和工作经验这两个代表人力资本的变量，并未纳入对劳动力市场形态、个体认知能力等变量的控制。在后续的研究中研究者会根

[①] 董银果，郝立芳. 中国教育投资回报率度量的关键问题探析[J]. 西南大学学报（社会科学版），2011，37（01）：115—121，191.

据自己的研究需要，继续加入其他变量进行控制，从而形成多种多样的明瑟方程扩展形式。根据已有研究，我国劳动力市场呈现出多种形式的分割，在劳动力市场的不同部门之间可能存在工资回报模式的差异。为了控制这类因素对个体收入的影响，本节研究在已有的明瑟方程基础上加入了单位类型变量进行控制。由于个体认知能力通常较难被直接观察到，对于这一问题通常的解决办法有引入代理变量或者使用工具变量，工具变量由于较难寻找且不同工具变量的估计结果也存在着一定的差异性，较多被使用的代理变量为父母的受教育程度。[①]基于此，本节研究将使用父母的受教育年限为个人认知能力的代理变量进入方程。同时，我国还存在地区间经济发展不平衡的现象，并且流动人口中存在着对流入地的选择性，因此地区变量也将作为控制变量加入明瑟方程。本章分析中涉及的其他控制变量还包括年龄、性别、户口、婚姻状况和政治面貌。本节使用的明瑟方程的扩展形式如下：

$$\ln(income)=\alpha+\beta_1 eduy+\beta_2 hukou+\beta_3 shengji\_mig+\beta_4 danwei\_type+\beta_5 wokyear+\beta_6 (workyear)^2+\sum \beta_i x_i$$

式中：ln（income）为因变量月收入对数；eduy为作为研究变量的流动人口受教育年限；β_1为线性教育回报；hukou为流动人口的户口类别；shengji_mig为流动人口是否产生了省际流动；danwei_type为单位类型；workyear和（workyear）^{2}分别为流动人口非农工作经验及其平方项；x_i为其他控制变量，包括婚姻状况、是否党员、父母受教育年限和所在地区。

二、全部流动人口的线性教育回报

表5-2给出了基于上述明瑟方程扩展形式的分户籍的流动人口线性教育回报的结果，可以看出，受教育年限在各个模型中均正向显著，从流动人口总体来看，年均教育回报率为5.95%；从户籍角度来看，非农户籍流动人

[①] 李实，丁赛. 中国城镇教育收益率的长期变动趋势［J］. 中国社会科学，2003（06）：58—72，206.

口的线性教育回报水平高于农业户籍流动人口，其回报水平为8.87%，是农业户籍流动人口的1.78倍。非农户籍流动人口每增加一年受教育年限，其月工资收入对数会上升0.0887；而农业户籍人口相应的月工资收入对数增量为0.0497。以上结果说明在流动人口内部线性教育回报存在户籍差异，非农户籍流动人口的教育回报高于农业户籍流动人口，非农户籍流动人口能够从教育程度的增加中获得更高幅度的收入回报提升。

从控制变量的角度来看，在全部流动人口模型中，非农户籍变量正向显著，这说明非农户籍流动人口的工资收入显著高于农业户籍流动人口，两者之间存在工资户籍差异。省际流动变量同样有显著的正向作用，跨省流动者的月工资收入对数高出省内流动者0.1482。单位类型变量显示，与无正式单位相比，市场化部门的工资水平显著较高，而国有部门与参照组之间的收入差距并不显著。

将农业户籍模型与非农户籍模型进行比较，可以看出各控制变量的作用有较为一致之处，同时也存在着一些影响模式上的差别。性别变量在农业户籍和非农户籍模型中均表现为正向显著，不论是在农业户籍流动人口还是非农户籍流动人口内部，男性的工资收入都显著高于女性。在农业户籍模型中，男性月工资收入对数高出女性0.3409，在非农户籍模型中这一差值为0.2423，这说明在流动人口内部存在明显的工资性别差异，并且在农业户籍流动人口内部这种差异幅度更大，农村户籍女性流动人口在劳动力市场回报中处于较低的位置。省际流动变量仅在非农户籍模型中正向显著，这说明农业户籍流动人口内部的收入水平并未受到流动距离的影响。单位类型变量也仅在非农户籍模型中显著，在国有部门和市场化工作的非农户籍流动人口的工资收入水平远超无正式单位的非农户籍流动人口。模型中显示这一系数分别达到了8.1496和8.2465，对比全部流动和农业户籍模型可以发现这一系数值非常高，可能的解释是在非农户籍流动人口内部，在无正式单位工作的人数量很少，且收入处于非常低的位置，而在正式部门工作的非农户籍流动人口可能处于较高的岗位上，其收入水平也相对较高。工作经验变量在农业户籍和非农户籍模型中均呈现出正向显著，二次方项在非农户籍模型中为负向显著，这说明工作经验在农业户籍流动人口中呈现出正向的线性回报，而在非农户籍流动人口中呈现出倒"U"形的回报模式。

表5-2 分户籍的流动人口线性教育回报稳健回归结果

变量	模型（1）全部流动	模型（2）农业户籍	模型（3）非农户籍
受教育年限	0.0595***	0.0497***	0.0887***
	（0.0084）	（0.0090）	（0.0199）
年龄	0.0042	0.0015	0.0054
	（0.0040）	（0.0045）	（0.0085）
男性	0.3110***	0.3409***	0.2423*
	（0.0455）	（0.0496）	（0.1017）
非农户籍	0.1411*		
	（0.0592）		
省际流动	0.1482**	0.0822	0.3633**
	（0.0484）	（0.0522）	（0.1093）
婚姻状况（0=未婚）			
在婚	0.1625*	0.1145	0.3576**
	（0.0635）	（0.0709）	（0.1333）
离婚或丧偶	0.2076	0.2045	0.1868
	（0.1454）	（0.1590）	（0.3177）
中共党员	0.0907	0.1272	-0.0239
	（0.0944）	（0.1520）	（0.1410）
工作单位（0=无正式单位）			
国有部门	0.0429	0.0323	8.1496***
	（0.0867）	（0.1028）	（0.1940）
市场化部门	0.1985**	0.1310	8.2465***
	（0.0676）	（0.0692）	（0.1828）
工作经验	0.0412***	0.0334***	0.0566**
	（0.0068）	（0.0071）	（0.0188）
工作经验平方	-0.0012***	-0.0010***	-0.0016**
	（0.0002）	（0.0002）	（0.0006）

续表

变量	模型（1）	模型（2）	模型（3）
父亲受教育年限	−0.0196**	−0.0131	−0.0459**
	（0.0066）	（0.0071）	（0.0156）
母亲受教育年限	0.0134*	−0.0020	0.0545***
	（0.0064）	（0.0073）	（0.0133）
所在地区（0=东部）			
中部	−0.2133**	−0.1972*	−0.2579
	（0.0682）	（0.0791）	（0.1357）
西部	−0.1317	−0.1290	−0.1178
	（0.0816）	（0.0966）	（0.1595）
常数项	6.5018***	6.8857***	−2.1513***
	（0.1617）	（0.1734）	（0.4174）
样本量	966	687	279

注：*$p < 0.05$，**$p < 0.01$，***$p < 0.001$

明瑟方程假定教育回报率是均质性的，但已有研究指出，不同收入位置上教育的作用大小可能有所不同，因此引入分位数回归方法进行分析。本章中所使用的分位数回归采用从10分位点开始，每隔10个分位点进行一次回归，共得到从10分位点、20分位点一直到90分位点共9个分位数回归模型的结果。由于本部分关心的是教育回报率，因此将回归结果中教育变量的系数进行提取，并作图展示，反映教育变量随着收入相对位置的变化其作用大小和方向的变化。本部分随后的分位数回归遵循的是同样的分析思路，后文中不再重复说明。

图5-4显示了流动人口线性教育回报的分位数回归结果，图中的每个点代表了"受教育年限"变量在各个分位点上的回归系数，说明的是在不同收入位置上教育的作用。从图5-4的结果可以发现：全部流动人口的教育线性回报在不同的分位点上表现较为一致，均为正向作用，但在第10、40、50分位点处不显著。具体来看，在较低的收入相对位置上，线性教育回报在5%左右浮动；在第40分位点至第70分位点有明显的上升趋势，至第70分位点时线性回报率达到最高，为6.38%；在第80和90分位点处线性教育回报

水平略有下降，但仍保持在6%左右的水平，并且高于稳健回归5.95%的平均线性教育回报水平。

下面再分户籍来看，农业户籍流动人口的线性教育回报在4%左右呈现出上下波动，但在第10分位点、第40分位点、第50分位点处不显著；其回报模式与全部流动人口较为接近，在大部分分位点上低于全部流动人口的回报水平，但值得注意的是农业户籍流动人口的线性教育回报在较低收入位置上反而较高，如在第20分位数处达到了6.92%且显著，高于稳健回归4.97%的平均水平。农业户籍流动人口线性教育回报在第30分位点开始，出现缓慢上升的态势，但在第60分位点处有所下降，随后再次回升。这说明对于农业户籍流动人口来说，随着收入相对位置的提高，教育的作用虽有波动但总体上呈现平缓且略有上升的趋势。

对于非农户籍流动人口来说，其分位数回归结果呈现出的线性教育回报模式与农业户籍人口有较大的差异。线性教育回报在非农户籍流动人口中均呈现出较高的系数值，随着收入相对位置的上升，非农户籍与农业户籍之间的系数差值也在逐步扩大，特别是在第40分位点至第80分位点区间内，两者差距十分明显且有不断拉大的趋势。这说明与农业户籍流动人口相比，在越高的收入相对位置，非农户籍流动人口每增加一年教育带来的受益程度更大。从总体上看，随着收入相对位置的提升，线性教育回报幅度呈现明显的逐步升高的态势。由于非农户籍人口在第90分位点处未能获得回归结果，且在第10分位点至第30分位点处系数不显著，因此主要对第40分位点至第80分位点的回归结果进行分析。

稳健回归的结果表明非农户籍流动人口的平均线性教育回报为8.87%，分位数回归结果表明，从第50分位点开始，线性教育回报率均超过10%，其中最高处位于第80分位点，回报率为13.07%。从第30分位点至第40分位点的范围内，线性教育回报水平上升的非常明显；第80分位点相对于第70分位点而言，呈现出幅度较大的再次上升。在非农户籍流动人口内部，教育带来的收益在较低收入位置和较高收入位置相差悬殊，如第80分位点的线性教育回报是第10分位点的3.2倍，是第40分位点的1.42倍。这说明非农户籍流动人口内部随着工资收入水平的提高，教育对收入的作用越来越大，

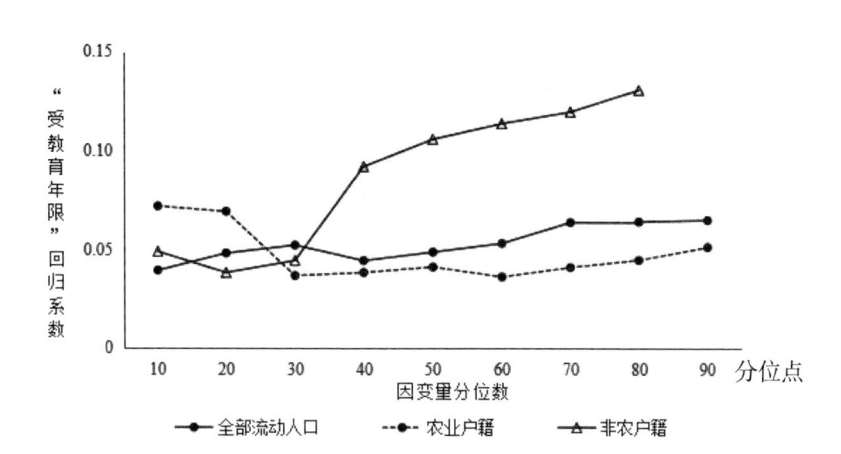

高收入者能够从教育投资中获得更高的收益水平。

图5-4 分户籍的流动人口线性教育回报各分位数回归方程中"受教育年限"变量系数

三、基于部门分割的线性教育回报

由于明瑟方程未体现出劳动力市场非完全竞争状态下的教育回报水平，因此进一步对劳动力市场形态进行分割，分别估算不同单位内部的教育回报水平。

表5-3给出了在国有部门和市场化部门中工作的不同户籍流动人口教育回报水平稳健回归结果。从总体上看，无论是国有部门还是市场化部门，非农户籍流动人口的教育回报水平均高于农业户籍流动人口，体现出教育回报的户籍差异。从部门比较的角度看，国有部门非农户籍流动人口的教育回报水平高于市场化部门，但教育回报并不显著。

从受教育年限变量的结果来看，在国有部门中，教育年限仅对非农户籍流动人口显著，回报水平为14.16%，高于表5-3中全部非农户籍流动人口8.87%的回报水平。在市场化部门中受教育年限对农业和非农流动人口均具有显著的正向作用，并且非农户籍的线性教育回报水平高出农业户籍1.09倍（0.1158/0.0554-1）。与表5-2中全部流动人口分户籍的线性教育回报相

109

比，可以发现，在市场化部门中工作的非农户籍流动人口的教育回报率高于全部非农户籍流动人口的教育回报水平，但农业户籍流动人口的教育回报水平较其整体水平略微下降。这说明在不同部门的内部，流动人口的人力资本投资的回报模式不同，同时存在着明显的教育回报户籍差异。

表5-3 分单位部门、户籍的流动人口线性教育回报

变量	模型（1）国有与农业	模型（2）市场与农业	模型（3）国有与非农	模型（4）市场与非农
受教育年限	0.0691	0.0554***	0.1416***	0.1158***
	（0.0394）	（0.0094）	（0.0334）	（0.0266）
年龄	0.0245	0.0071	−0.0023	0.0181
	（0.0207）	（0.0052）	（0.0122）	（0.0123）
男性	0.0852	0.3768***	0.3988*	0.3140*
	（0.2277）	（0.0521）	（0.1660）	（0.1387）
省际流动	0.3049	0.0998	0.6127**	0.4913**
	（0.2677）	（0.0556）	（0.1863）	（0.1485）
婚姻状况（0=未婚）				
在婚	0.3311	0.1480*	0.0653	0.5131**
	（0.4139）	（0.0730）	（0.2134）	（0.1733）
离婚或丧偶	−0.0642	0.2612	1.2095*	−0.2333
	（0.5838）	（0.1763）	（0.4591）	（0.4791）
中共党员	0.1795	0.0085	−0.2643	−0.0579
	（0.4886）	（0.1730）	（0.1883）	（0.1955）
工作经验	0.0110	0.0203*	0.0022	0.0851***
	（0.0434）	（0.0083）	（0.0306）	（0.0239）
工作经验平方	−0.0009	−0.0008***	0.0003	−0.0026***
	（0.0011）	（0.0003）	（0.0009）	（0.0007）
父亲受教育年限	0.0706*	−0.0175*	−0.0484*	−0.0779***
	（0.0334）	（0.0075）	（0.0224）	（0.0216）
母亲受教育年限	−0.0130	−0.0002	0.0422*	0.0921***
	（0.0335）	（0.0077）	（0.0170）	（0.0194）

续表

变量	模型（1）	模型（2）	模型（3）	模型（4）
所在地区（0=东部）				
中部	−0.2210	−0.2197**	−0.1239	0.0304
	（0.3774）	（0.0846）	（0.1739）	（0.2061）
西部	−0.9245	−0.0294	−0.2691	−0.1325
	（0.4987）	（0.0995）	（0.2009）	（0.2730）
常数项	5.6660***	6.8490***	5.9172***	4.9774***
	（0.8472）	（0.1826）	（0.6756）	（0.5680）
样本量	56	508	85	167

注：*$p<0.05$，**$p<0.01$，***$p<0.001$

控制变量的回归结果表明，男性的收入优势在市场化部门分户籍的模型中均显著，且农业户籍流动人口的性别工资差异在市场化部门中程度较高；对国有部门而言，性别变量仅在国有与非农模型中正向显著。这说明市场化部门中工资的性别差异现象更加明显，且在农业和非农户籍中均有体现。这可能与市场化部门的劳动力需求模式有关，雇佣单位可能会展示出对于男性劳动力的偏好。从地区变量来看，农业户籍流动人口的收入在市场化部门中存在明显的地区差异。与东部地区相比，在中部地区市场化部门就业的农业户籍流动人口收入水平显著较低，这可能与地区经济发展水平不平衡有关，也可能与农业户籍流动人口所从事的具体职业有关，尚待进一步分析。

从总体上看，在国有部门中，相较于非农户籍流动人口，农业户籍流动人口更难从教育投资中获得有效的回报；而在市场化部门中无论农业还是非农户籍流动者，都能从教育投资中获得显著的正向回报。也就是说，市场化程度更深的工作部门对教育回报更加敏感，这可能与其部门内部回报机制的特点有关。市场化部门更多的是依据能力强弱、专业技术水平高低制定经济回报水平，教育程度与收入水平的匹配度较高。

第三节 流动人口阶段教育回报及户籍差异

本节将关注点集中在不同教育阶段的回报上,首先考察各教育阶段的回报率如何,其次对高等教育的阶段性回报进行分析。分析思路如下:第一步进行扩展的明瑟方程回归,获得教育阶段的平均效应;第二步进行分位数回归,考察不同收入相对位置上教育阶段作用的大小;第三步对流动人口进入高等教育的选择性进行控制,使用倾向得分匹配方法估计阶段教育的"净效应"。在第三步中,在估算高等教育回报时,研究变量和干预变量是否接受高等教育,将高中及以下受教育水平赋值为0,大专及以上受教育水平赋值为1。针对阶段性教育回报,分别对全部流动人口、农业户籍流动人口和非农户籍流动人口进行估计,目的在于讨论阶段性教育回报的水平如何以及是否存在户籍差异。

一、全部流动人口各教育阶段回报水平

在上一节中基于明瑟方程所得出的线性教育回报背后蕴含了均质性假设,即教育回报在不同层级的教育类别间是均质的。但在实际生活中,不同教育阶段之间存在着各种差异性,可以假设教育回报在各个教育阶段之间并不是均质的。对此,将进一步使用教育阶段作为自变量,分析阶段教育回报率。在全部教育阶段的分析中,将"高中"作为参照类,这样设置的理由是,如果将"没读过书"设置为参照类,那么其他类别将均与"没读过书"进行比较,例如,将本科及以上教育程度与没读过书直接进行比较,并不具备很强的实际意义,因此取较为居中的"高中"类别作为参照类。

表5-4给出了全部教育阶段的稳健回归结果。首先来看全部流动人口,当以高中作为参照组时,小学和初中教育的系数为负向显著,专科的系数并不显著,而本科及以上为正向显著,这说明在全部流动人口中随着教育

阶段的提升，其收入水平也有所提高。

表5-4 分户籍的流动人口全部教育阶段回报稳健回归结果

变量	模型（1）全部流动	模型（2）农业户籍	模型（3）非农户籍
受教育程度（0=高中）			
没读过书	−0.2855	−0.2943	−3.0584***
	（0.1646）	（0.1586）	（0.8179）
小学	−0.3267***	−0.3172***	−0.4574
	（0.0801）	（0.0797）	（0.2955）
初中	−0.2470***	−0.2511***	−0.0402
	（0.0596）	（0.0604）	（0.1738）
专科	0.0547	0.0820	−0.0326
	（0.0759）	（0.0921）	（0.1439）
本科及以上	0.5712***	0.6952***	0.5384***
	（0.0859）	（0.1421）	（0.1416）
年龄	0.0031	−0.0017	0.0075
	（0.0040）	（0.0045）	（0.0085）
男性	0.3138***	0.3711***	0.1839
	（0.0449）	（0.0493）	（0.0988）
非农户籍	0.0598		
	（0.0596）		
省际流动	0.1050*	0.0542	0.2625*
	（0.0477）	（0.0513）	（0.1093）
婚姻状况（0=未婚）			
在婚	0.1610**	0.1484*	0.3196*
	（0.0622）	（0.0706）	（0.1290）
离婚或丧偶	0.1810	0.2066	0.0557
	（0.1430）	（0.1579）	（0.3083）
中共党员	−0.0330	−0.0363	−0.0491
	（0.0955）	（0.1552）	（0.1372）

续表

变量	模型（1）	模型（2）	模型（3）
工作单位（0=无正式单位）			
国有部门	0.0240	0.0126	8.1876***
	(0.0854)	(0.1017)	(0.1909)
市场化部门	0.2164**	0.1423*	8.3393***
	(0.0664)	(0.0684)	(0.1787)
工作经验	0.0404***	0.0356***	0.0511**
	(0.0068)	(0.0072)	(0.0183)
工作经验平方	−0.0012***	−0.0011***	−0.0015**
	(0.0002)	(0.0002)	(0.0006)
父亲受教育年限	−0.0215***	−0.0160*	−0.0452**
	(0.0065)	(0.0070)	(0.0154)
母亲受教育年限	0.0170**	−0.0005	0.0582***
	(0.0062)	(0.0071)	(0.0130)
所在地区（0=东部）			
中部	−0.2331***	−0.2129**	−0.2907*
	(0.0668)	(0.0778)	(0.1317)
西部	−0.1294	−0.0992	−0.1636
	(0.0808)	(0.0966)	(0.1562)
常数项	7.3005***	7.5943***	−1.1100**
	(0.1500)	(0.1625)	(0.3610)
样本量	974	694	280

注：*$p < 0.05$，**$p < 0.01$，***$p < 0.001$

接下来比较农业户籍模型和非农户籍模型的阶段教育回报结果。模型（2）给出了农业户籍流动人口的回归结果，高中以下各教育类别均为负向显著的系数，这说明在基础教育阶段，教育程度的提升对于农村户籍流动人口具有显著提高收入的作用。初中教育水平的农业户籍流动人口的收入显著低于高中受教育水平，这说明对于农业户籍流动人口而言，在义务教育阶段结束后，继续接受高中教育可以获得显著的教育回报提升，有助于他们在劳动力市场中提高自己的经济地位。在高等教育阶段，专科相对于高中并未显示出显著的收入提升作用，但是在本科及以上教育程度其回归系数为正向显著，这说明高等教育对农业户籍流动人口具有显著的收入提升作用。从非农户籍流动人口的角度来看，以高中为参照组，受教育水平为小学、初中、专科未显示出显著的作用，没读过书组的收入水平显著较低，本科及以上具有高度正向显著的作用。说明在非农户籍流动人口中，义务教育水平相对于高中教育并未显示出收入上的劣势，专科教育水平也没有相对于高中教育水平的收入优势。与高中相比，本科及以上教育能够带来显著的收入优势，这说明更高质量的高等教育可以给非农户籍流动人口带来更高的收入。

总的来看，对于不同户籍的流动人口而言，各教育阶段的回报模式存在差异。在农业户籍流动人口中，除专科和没读过书阶段，各教育阶段对收入的提升作用十分显著，特别是义务教育结束后继续高中学业对收入有明显的提升作用。对于非农户籍流动人口而言，教育阶段对收入的提升作用主要体现在高等教育阶段，除没读过书阶段其他教育阶段之间的收入差距并不显著。与高中受教育水平相比，无论是农业户籍流动人口还是非农户籍流动人口，专科教育水平作用均不显著，说明高中毕业后如果继续进行专科教育，其收入水平与高中毕业者并无显著差别。值得注意的是农业户籍流动人口中的未读高中者，其收入显著低于读了高中者。这说明义务教育以及高中教育在农村的普及是有意义的，能够显著提高农村户籍流动人口的收入水平。

二、分代际的流动人口各教育阶段回报水平

由于表5-4的结果混合了所有年龄段的流动人口，在不同时期接受教育的机会以及各阶段教育的"含金量"也有所不同。为了进一步明确阶段教育，特别是义务教育、高中教育对于农村户籍流动人口收入影响的现实意义，将样本按照代际拆分成老一代流动人口和新生代流动人口两个部分，分别进行阶段教育回报的估计。

表5-5给出了区分老一代和新生代流动人口的阶段教育回报结果[①],并进行了户籍的划分,进一步考察在代际和户籍两个维度上流动人口阶段教育回报水平。首先从代际内部来看,老一代农业户籍流动人口显示出高等教育的显著作用,而高中及以下教育阶段对收入提升的作用并不显著;老一代非农户籍流动人口显示出多个教育阶段对收入的提升作用,小学及以下受教育程度相对于高中显示出收入上的劣势,本科及以上教育对收入的提升作用明显。在新生代流动人口模型中,农业户籍者明显从除专科的各个教育阶段的转换中获得收入的提升,也就是说对于新生代农业户籍流动人口而言,每提高一个受教育等级都对他们的收入有正向作用。在新生代与非农模型中,本科及以上教育程度仍保持了高度的正向作用,但是初中项的系数变成了相对于高中正向显著,这一点与以往经验并不一致,可能的解释是对于初中受教育水平的新生代非农户流动人口而言,其就业方式和就业选择具有自身的独特性,如通过自主创业、进入其家庭开办的企业单位等形式进行就业,借助家庭背景资源获得较高的收入。

比较老一代和新生代模型中阶段教育影响模式可以发现,本科及以上教育在各模型中均显示出高度的正向作用,这说明对高等教育的投资能够在劳动力市场中收到相应的回报。在高等教育回报中值得注意的是,在老一代农村户籍流动人口中,专科的教育回报相对于高中是正向显著的,这说明在较早的时期接受专科教育的农村户籍人口能够从专科教育中获得高于高中的收益。

在模型结果中值得关注的一点是,在新生代农业户籍流动人口模型中,从义务教育阶段来说,小学、初中教育均显示出对高中的负向显著。一方面,这说明了接受义务教育的必要性;另一方面,对于农村户籍人口来说,在面临升学的选择时,义务教育阶段结束后继续接受高中教育、大学教育,这种教育投资能够获得显著提升收入的回报。现有研究指出,在刚进入21世纪的时间段内,农村中小学生仍然存在辍学的现象,特别是在

[①] 为直观展示研究变量的结果,表5—5只给出了教育阶段的回归系数,完整的回归表格可见附录C。

初中阶段辍学现象更为普遍，并且在西部地区更为严重。[1][2]2010年2月9日的《人民日报》刊登了一封乡村教师关于"读书无用论"兴起、农村青少年初中辍学外出打工的来信，表达了对农村义务教育的担忧。与此同时，在部分地区出现了辍学率的反弹，农村青少年选择辍学外出打工已经成为普遍存在的现象。关于农村青少年辍学的原因，可以归纳为以下几类：因贫失学与预期教育收益的下降，学生的厌学心理，课程与现实脱节且农村师资质量较低，家庭文化资本较低，农村外出务工潮引起的乡村社会结构变化、生活方式转变、家庭结构改变等。[3][4][5][6]

关于农村地区青少年在义务教育阶段，特别是初中阶段的辍学现象，与人口流动息息相关。从青少年个体的角度来说，其辍学打工行为受到了农村教育质量、同龄人外出带动、基于经济收益的短期性的决策思维模式的影响。农村地区青少年选择放弃学业外出打工，实际上在劳动力市场中会受到人力资本和户籍的双重障碍，由于缺乏相应的学历背景和专业技能，他们还将面临劳动力市场中的职业进入壁垒，可能辍学打工在短期内能够收到一定的经济收益，但是从长期来看并不能保证未来能够获得稳定的收入，实际上陷入了短期经济利益的陷阱。

从教育收益的角度来看，接受义务教育、高中教育乃至大学教育是提升农村户籍流动人口收入的有效手段。根据教育部发布的《2022年全国教育事业发展基本情况》报告内容，2022年我国九年义务教育巩固率为95.5%，高中阶段毛入学率为91.6%，说明义务教育已经在全国范围内基本实现了全覆盖，高中阶段普及水平进一步提高。2022年全国高等教育毛入

---

[1]张淑清. 对农村中小学生辍学问题的研究[J]. 教育探索，2005（03）：36—37.
[2]杜亮. 试论农村辍学与社会公平的关系——农村义务教育阶段辍学现象的社会学分析[J]. 中国人民大学教育学刊，2011（03）：142—154.
[3]周潇. 农村青少年辍学现象再思考：农民流动的视角[J]. 青年研究，2011（06）：43—52，93.
[4]牛建林. 农村地区外出务工潮对义务教育阶段辍学的影响[J]. 中国人口科学，2012（04）：103—110，112.
[5]刘成斌. 农村青少年辍学打工及其原因[J]. 人口研究，2014，38（02）：102—112.
[6]熊静，单婷，钱梦菊. 农村青少年的辍学行为研究——基于家庭文化资本的视角[J]. 中国青年研究，2016（03）：49—55.

学率59.6%，比上年提高1.8个百分点，高等教育在学规模进一步扩大。虽然我国存在受教育机会特别是高等教育入学机会的城乡不平等现象，但教育仍然是提升农村户籍流动人口收入的有效途径，未来高等教育普及程度持续提升将为青年流动人口提供更充分的人力资本投资机会。

根据对新生代农业户籍流动人口的阶段教育回报分析，对于潜在的农村户籍流动人口来说，完整地完成义务教育，并继续接受更高阶段的教育有着较强的现实意义。更高阶段的教育有助于农村户籍流动人口获得更高的收入，有助打破制度的壁垒，跨越出原生阶级，实现向上流动。

表5-5 分代际、户籍的流动人口全部教育阶段回报稳健回归结果（部分）

变量	模型（1）老一代与全部	模型（2）老一代与农业	模型（3）老一代与非农	模型（4）新生代与全部	模型（5）新生代与农业	模型（6）新生代与非农
受教育程度（0=高中）						
没读过书	−0.3901**	−0.2660	−3.1988***		−7.8568***	
	（0.1490）	（0.1439）	（0.7884）		（0.6420）	
小学	−0.2481**	−0.1354	−0.8463*	−0.2356*	−0.3165**	−0.1005
	（0.0948）	（0.0937）	（0.3705）	（0.1175）	（0.1163）	（0.4220）
初中	−0.2463**	−0.1573	−0.2692	−0.1265	−0.1930*	0.6108*
	（0.0788）	（0.0808）	（0.2200）	（0.0783）	（0.0778）	（0.2503）
专科	0.1987	0.4213**	0.2217	0.0841	0.0858	0.1769
	（0.1107）	（0.1577）	（0.2136）	（0.0957）	（0.1089）	（0.1874）
本科及以上	0.8714***	0.6249**	0.8648***	0.4872***	0.7504***	0.4896**
	（0.1338）	（0.2318）	（0.2475）	（0.1075）	（0.1704）	（0.1681）
控制变量、常数项（略）						
样本量	377	267	110	596	427	170

注：*$p<0.05$，**$p<0.01$，***$p<0.001$

第六章 流动人口高等教育回报分析

接受高等教育是强化人力资本的重要途径，能够有效提升劳动者的个人禀赋，在劳动力市场中释放出更具有竞争力的信号，也是实现更高质量就业的重要途径。伴随着我国经济体制改革的推进以及实施高等教育扩招，我国高等教育毛入学率和在学总规模实现了大幅度增长。教育部数据显示，2000年我国高等教育在学1229万人，至2022年达到4655万人，毛入学率达到59.6%。个体接受高等教育的机会明显上升，同时也增加了高人力资本流动者的数量。

我国流动人口规模庞大，人口流动行为活跃，新生代高学历流动者在城市发展中的作用越发重要，这为流动人口高等教育回报研究提供了重要的社会现实背景。早期流动人口多以大规模的乡城劳动力转移为研究对象，较少讨论其内部的结构性差异及其影响。本章在城城流动增多和高学历者流动越来越活跃的背景下，以流动人口高等教育回报率为研究核心，使用CFPS2014和CLDS2014合并数据以及2015年全国流动人口卫生计生动态监测调查数据[①]，对以下三个研究问题展开讨论分析：第一，流动人口的高等教育整体回报率如何；第二，流动人口的各层级高等教育回报率如何；第三，流动人口各层级高等教育回报率的城乡户籍差异状况如何。使用的方法包括稳健回归、OLS回归、分位数回归、倾向值得分匹配、工具变量法、IV分位数回归等。

---

① 本章使用数据来自2015年全国流动人口卫生计生动态监测调查。该调查由国家卫生健康委员会发起，始于2009年，调查范围涵盖了全国31个省市和新疆生产建设兵团（不含港、澳、台），按照分层、多阶段、与规模成比例的PPS抽样法在流动人口较为集中的流入地进行调查，调查对象是在流入地居住一个月以上、非本区（县、市）户口的15周岁及以上流入人口。2015年监测调查数据共获得样本193125个，较之其他综合性社会调查，该调查数据的调查对象限定为流动人口且样本量较大，适用于流动人口分层级的高等教育回报率问题的研究。

第一节　流动人口高等教育整体回报水平

高等教育是教育分流的一个重要阶段，中国高等教育回报的研究指出，接受高等教育能够显著提升个体的收入水平，且高等教育的回报率随着时间的推移呈现上升趋势，说明高等教育对于个体来说是一项有价值的投资，并且越高质量的高等教育带来的经济回报优势幅度越大。[1][2][3]该研究针对的是全体劳动者，对于流动人口的高等教育回报研究较少，根据流动人口内部受教育结构的新变化，存在着一定数量的接受高等教育的流动人口，对这一部分人进行高等教育回报的研究具有现实意义。因此，本节基于CFPS2014和CLDS2014合并数据，将是否接受高等教育作为研究变量，将高中教育水平赋值为0，将专科及以上受教育水平赋值为1，在扩展的明瑟方程的基础上进一步使用倾向得分匹配方法，讨论高等教育分流对流动人口收入的影响。

一、分户籍的流动人口高等教育回报水平

表6-1是分户籍的流动人口高等教育回报稳健回归结果。从模型结果来看，高等教育在全部流动人口和非农户籍流动人口中均正向显著，但系数存在差异；而农业户籍流动人口并未显示出高等教育对收入的显著作用。从总体上看，与未接受高等教育的流动人口相比，高等教育回报率为23.52%；分户籍来看，非农户籍流动人口的高等教育回报率为29.24%，高于农业户籍流动人口16.65%的回报水平，可以看出高等教育回报在流动人

---

[1]张巍巍，李雪松.中国高等教育异质性回报的变化：1992~2009——基于MTE方法的实证研究[J].首都经济贸易大学学报，2014，16（03）：63—77.
[2]刘泽云.上大学是有价值的投资吗——中国高等教育回报率的长期变动（1988—2007）[J].北京大学教育评论，2015，13（04）：65—81，186.
[3]许玲丽，艾春荣.高等教育回报的质量差异——对部属、省属与地方高校的比较研究[J].经济理论与经济管理，2016（08）：102—112.

口中存在户籍差异。

从控制变量的角度来看，在全部流动人口模型中，年龄显示出正向显著的作用；省际流动者的收入要显著高于省内流动者，对收入对数的提升幅度为0.1776；从流动人口所处的单位类型来看，与无正式单位者相比，在市场化部门中工作的流动人口的收入显著较高，其效应为0.3119。工作经验变量显示出先上升后下降的影响模式，体现了基于劳动力市场经验的人力资本对工资的重要作用。

从农业户籍模型和非农户籍模型比较的角度来看，控制变量中的工作经验变量一致体现出显著的作用，与二次方项一起构成了对流动人口收入的倒"U"形作用曲线。无论是农业户籍还是非农户籍，性别收入差距一直存在，且在农业户籍流动人口中差异幅度更大。在流动特征方面，省际流动只对非农户籍流动人口起到了显著的正向作用，在农业户籍流动人口中并不显著。单位部门变量中市场化部门的高回报只对农业户籍流动人口起作用，非农户籍流动人口在无正式单位、国有单位和市场化单位之间的收入水平并没有显著的差别。以上结果说明，在较高受教育水平的流动人口中，其工资决定模式存在户籍间的差异。

表6-1　分户籍的流动人口高等教育阶段回报稳健回归结果

变量	全部流动	农业户籍	非农户籍
高等教育	0.2352**	0.1665	0.2924*
	（0.0757）	（0.0866）	（0.1390）
年龄	0.0192**	0.0178	0.0204
	（0.0072）	（0.0099）	（0.0112）
男性	0.2909***	0.3270***	0.3047**
	（0.0687）	（0.0856）	（0.1161）
非农户籍	0.0858		
	（0.0771）		
省际流动	0.1776*	0.0493	0.4851***
	（0.0730）	（0.0857）	（0.1258）
婚姻状况（0=未婚）			
在婚	0.1445	0.0426	0.3031*
	（0.0877）	（0.1103）	（0.1433）

续表

变量	全部流动	农业户籍	非农户籍
离婚或丧偶	−0.2043	−0.0348	−0.4530
	(0.2324)	(0.2956)	(0.3754)
中共党员	0.1346	0.1224	0.1265
	(0.1049)	(0.1779)	(0.1447)
工作单位（0=无正式单位）			
国有部门	0.1355	0.2653	−0.0136
	(0.1404)	(0.1709)	(0.2523)
市场化部门	0.3119*	0.3239*	0.0990
	(0.1285)	(0.1390)	(0.2498)
工作经验	0.0404***	0.0343**	0.0552**
	(0.0107)	(0.0128)	(0.0212)
工作经验平方	−0.0015***	−0.0016***	−0.0018**
	(0.0003)	(0.0003)	(0.0007)
父亲受教育年限	−0.0311**	−0.0289*	−0.0491**
	(0.0100)	(0.0119)	(0.0179)
母亲受教育年限	0.0312***	0.0033	0.0681***
	(0.0090)	(0.0115)	(0.0148)
所在地区（0=东部）			
中部	−0.1137	−0.0863	−0.0548
	(0.0942)	(0.1211)	(0.1529)
西部	−0.1146	0.0656	−0.2183
	(0.1194)	(0.1488)	(0.1977)
常数项	6.6968***	7.0608***	6.4606***
	(0.2488)	(0.3062)	(0.4634)
样本量	482	252	230

注：*$p < 0.05$，**$p < 0.01$，***$p < 0.001$

为了进一步讨论高等教育在不同收入位置上的作用如何，使用分位数回归方法估算高等教育在各分位点上的系数。图6-1为分户籍的流动人口高等教育回报分位数回归结果，图中的每一个数据点代表了"高等教育"这一变量在因变量不同分位点上的回归系数，从收入分布的角度展现了高等

第六章 流动人口高等教育回报分析

教育对流动人口收入的作用。从全部流动人口来看，高等教育回报从收入分布的低端到高端呈现出上升的趋势，且只在第70分位点至第90分位点范围内系数显著。回归系数在第60分位点至第90分位点区间内呈现较大幅度的波动上升趋势，但在第80分位点处有所下降，在第90分位点处达到最高50.68%。从总体上来看，对于全部流动人口而言，在越高的收入相对位置上高等教育对提升收入的作用越大。

从户籍的角度来看，对于农业户籍流动人口而言，各分位点上的回归系数均处于较低的位置，并且趋势较为平缓，总体上高等教育对提升人口收入的作用并不显著。对于非农户籍流动人口而言，在较低收入分位点上高等教育的作用呈现出负值，说明在低收入水平上接受了高等教育反而会进一步降低其收入，这可能是教育与工作职位需求不匹配，出现"过度教育"的结果，但是这一效应并不显著。高等教育系数在第60分位点至第90分位点上正向显著，其提升幅度也较低收入位置有明显的提高，特别是从第80分位点至第90分位点范围内，上升幅度较大，这说明非农户籍流动人口在较高收入位置上能够从高等教育投资中获得较高的收益。从总体上看，流动人口内部的高等教育回报存在着户籍差别，非农户籍流动人口更能从高等教育回报中获益，而农业户籍流动人口在面临高等教育入学机会不平等的背景下从高等教育中收益较低，加深了其在劳动力市场中的劣势地位。

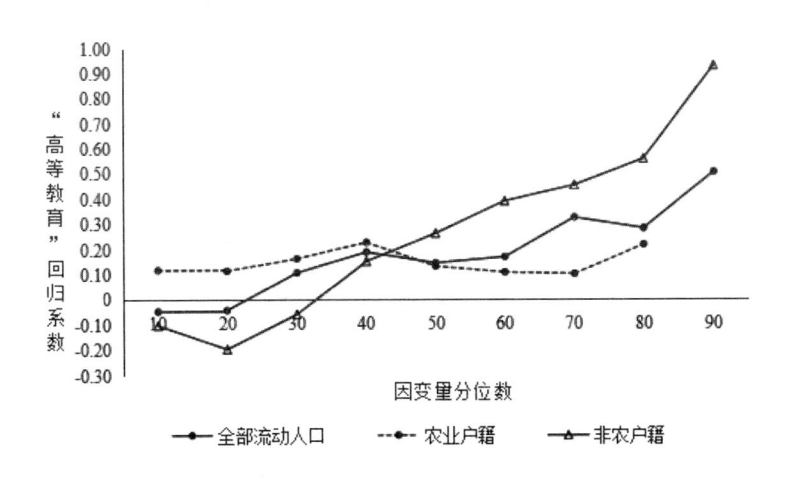

图6-1 分户籍的流动人口高等教育回报各分位数回归方程中"高等教育"回归系数

二、稳健性检验：倾向值匹配分析

个体接受高等教育并不是一个随机的过程，因此在接下来的分析中将对流动人口接受高等教育的选择性进行控制，以考察高等教育对收入的"净效应"。针对中国高等教育入学机会的研究表明，高等教育入学机会存在着城乡差异，并且随着高等教育扩招，不平等程度在不断扩大。[1][2][3]针对中国高等教育升学机会的研究指出，随着高等教育扩招、大学生就业难等一系列现象的出现，使不同家庭背景的个体在是否继续接受高等教育的选择上出现差异，个体是否接受高等教育受到家庭背景的作用比较突出，可以将是否完成高等教育升学看成个体与家庭共同决策的结果。研究结果显示，父亲的职业地位越高，对子代的高等教育获得具有正向影响；父母受教育年限越高，越有助于子代实现高等教育升学；基于资源稀释理论的研究指出，个体所拥有的兄弟姐妹数越多，对其接受高等教育的可能性越有负向影响；父亲的政治面貌变量也在子代的高等教育获得中起到了一定的优势作用。[4][5]综合以上研究结果来看，一方面，我国存在着程度不断加深的城乡高等教育机会不平等现象；另一方面，家庭背景对于个体接受高等教育的作用明显。基于此，可以构造流动人口高等教育回报的倾向得分匹配模型，并进一步分户籍进行讨论。

在倾向得分匹配分析过程中，首先需要明确研究所用的干预变量。在这里使用是否接受高等教育作为干预变量，取值为1代表接受了高等教育，作为干预组，取值为0代表高中毕业后未接受高等教育，作为控制组。根据

---

[1] 李春玲. 高等教育扩张与教育机会不平等——高校扩招的平等化效应考查 [J]. 社会学研究, 2010, 25 (03): 82—113, 244.

[2] 吴愈晓. 中国城乡居民的教育机会不平等及其演变（1978—2008）[J]. 中国社会科学, 2013 (03): 4—21, 203.

[3] 李春玲. 教育不平等的年代变化趋势（1940—2010）——对城乡教育机会不平等的再考察 [J]. 社会学研究, 2014, 29 (02): 65—89, 243.

[4] 刘精明. 高等教育扩展与入学机会差异：1978~2003 [J]. 社会, 2006 (03): 158—179, 209.

[5] 李煜. 制度变迁与教育不平等的产生机制——中国城市子女的教育获得（1966—2003）[J]. 中国社会科学, 2006 (04): 97—109, 207.

第六章 流动人口高等教育回报分析

已有的研究结果，在选择影响个体接受高等教育的倾向得分模型时，重点考察家庭背景变量的影响，综合已有数据的变量情况，梳理出包括性别、户口、出生队列在内的个人特征变量，以及父母户口、父母受教育年限、父母职业、父亲政治面貌在内的家庭背景变量。在倾向得分匹配分析中，将构造三个模型，分别估计全部流动人口、农业户籍流动人口和非农户籍流动人口接受高等教育的效应。对各个分模型进行倾向得分分析时，其构建倾向得分的logit模型设置并不完全一致，经由多次对变量的不同组合，最后得到各组倾向得分平衡的结果，在协变量设置中尽量将可能会影响个体高等教育升学概率的变量纳入，具体协变量设置可参见表6-2，各模型倾向得分协变量设置的具体结果可以参见附录B。

表6-2 是否接受高等教育倾向得分估计协变量设置

协变量	全部流动	农业户籍流动	非农户籍流动
性别	√	√	√
户口	√		
新生代流动人口	√	√	√
父亲受教育年限	√	√	√
父亲户口	√	√	
父亲政治面貌			
父亲职业		√	
母亲受教育年限		√	√
母亲户口	√	√	√
母亲职业		√	

在进行倾向得分匹配分析时，采取了多种匹配方法，包括最近邻居法、带卡尺的半径匹配法、核匹配法、局部线性回归匹配以及马氏距离法。在倾向得分匹配分析时，由于各种匹配方法的原理不尽相同，因此需要对多种匹配方法的结果进行比较，以获得比较稳健的结论。由于进入分析的案例数较少，采取了bootstrap方法以获得稳健的标准误，将重复次数设定为500次。

表6-3给出了以"是否接受高等教育"作为干预变量的倾向得分匹配结

125

果,其中"差异"一列显示了估算的干预组的平均干预效应(ATT),并对其进行t检验;bootstrap的两列显示了通过"自助法"获得的ATT的标准误及其所对应的p值。匹配结果显示,在以p<0.05的标准下,通过控制流动人口进入高等教育的选择性后,在全部流动人口中,接受高等教育对于收入水平具有显著的正向效应,在非农户籍流动人口模型中同样发现了高等教育的正向作用,但是这一效应在农业户籍人口并不存在,说明高等教育对流动人口收入的提升作用存在户籍差异,且各种匹配方法的结果较为一致。

表6-3 以"是否接受高等教育"作为干预变量的倾向得分匹配结果

匹配方法	高等教育(T)	高中(C)	差异	标准误	t值	Bootstrap s.e. (reps=500)		样本量 T	C
1:1近邻	7.58	6.85	0.73	0.30	2.41	0.36	0.041	386	318
农业户籍	7.24	7.30	−0.06	0.55	−0.11	0.48	0.899	70	119
非农户籍	7.71	6.58	1.13	0.48	2.37	0.52	0.029	262	73
1:5近邻	7.58	6.96	0.62	0.29	2.12	0.29	0.032	386	318
农业户籍	7.24	7.18	0.06	0.49	0.12	0.45	0.894	70	119
非农户籍	7.71	6.77	0.94	0.41	2.27	0.42	0.024	262	73
带卡尺的1:5近邻	7.58	6.95	0.63	0.29	2.17	0.30	0.032	384	318
农业户籍	7.24	7.18	0.06	0.49	0.12	0.45	0.894	70	119
非农户籍	7.70	6.76	0.94	0.41	2.26	0.46	0.015	261	73
radius半径卡尺匹配	7.58	6.89	0.69	0.27	2.55	0.28	0.014	384	318
农业户籍	7.24	7.21	0.03	0.45	0.06	0.38	0.992	70	119
非农户籍	7.70	6.90	0.80	0.38	2.09	0.43	0.012	261	73
kernel核匹配	7.58	6.91	0.67	0.27	2.47	0.25	0.008	386	318
农业户籍	7.24	7.25	−0.01	0.45	−0.02	0.37	0.983	70	119
非农户籍	7.71	6.87	0.83	0.38	2.20	0.35	0.017	262	73
局部线性匹配	7.58	6.90	0.68	0.30	2.25	0.29	0.020	386	318
农业户籍	7.24	7.17	0.07	0.55	0.12	0.39	0.859	70	119
非农户籍	7.71	6.80	0.91	0.48	1.92	0.42	0.031	262	73
马氏距离	7.61	7.00	0.61	0.26	2.31	0.29	0.036	400	318
农业户籍	7.22	7.39	−.017	0.34	−0.50	0.36	0.639	77	120
非农户籍	7.72	6.97	0.75	0.36	2.07	0.37	0.045	267	73

第六章 流动人口高等教育回报分析

将倾向值匹配分析的结果与稳健回归结果进行比较，可以发现，对于非农户籍流动人口来说，与高中受教育水平相比，当高等教育分解为专科和本科及以上两个类别时，本科及以上的教育回报正向显著；当混合了专科和本科及以上的效应时，高等教育对收入的正向效应消失。而非户籍流动人口的高等教育效应表现得较为稳健，一直呈现出显著的正向效应。

本书对农业户籍流动人口高等教育倾向值匹配的结果与稳健回归结果存在差异的现象，提出以下解释：第一，收入情况与个体的职业、所在部门相关，农业户籍流动人口可能因为其外地农业户籍的属性在劳动力市场中遭遇求职歧视，导致其进入与所获得的教育水平并不匹配的职位，造成过度教育现象，使人力资本水平与工资回报并不匹配。

第二，由于高等教育升学城乡不平等现象的存在，农业户籍流动人口接受高等教育的质量可能与非农户籍流动人口存在差别。在高等教育扩招的背景下，接受过高等教育的劳动者数量在不断增多，由于个体与职位的匹配是一个双向选择的过程，劳动力需求方在学历水平的基础上可能加强了对教育质量的考量。因此更好的高等教育质量有助于劳动者进入工资更高、更加稳定的职业，而较低的高等教育质量在劳动力市场中可能并不占优势。农业户籍流动人口由于户籍属性导致了累积劣势，在高等教育质量以及职业获得中均处于不利地位，因而在控制了进入高等教育的选择性后，接受了高等教育者与高中教育水平者仍未呈现出明显的工资差异。

第三，农业户籍流动人口内部高等教育结构与非农户籍流动人口存在差异。本节研究所使用的样本显示，在接受了高等教育的流动人口中，农业户籍流动人口接受了专科教育的比例为65.10%，接受了本科及以上教育的比例为34.90%；在非农户籍流动人口中接受专科和本科及以上教育的比例分别为42.42%和57.58%。并且在接受高等教育的人数上非农户籍流动人口也高于农业户籍流动人口，两组流动人口接受高等教育的人口分别为农业户籍者为192人，非农户籍者为422人，高出农业户籍者一倍多。在流动人口高等教育结构分布户籍差异较大的情况下，根据教育阶段稳健回归的结果，专科对高中没有明显的效应，本科及以上效应明显，而在高等教育分析时将专科与本科及以上进行了合并，这意味着高等教育回报的系数中混合了专科与本科及以上的影响。对于农业户籍流动人口而言这其中受到专科的影响较大，而非农户籍流动人口受到本科及以上的影响较大。这说明背后蕴含的还是流动人口基于户籍的受教育的差异，可以归为因结构性的差异所导致的。农村户籍流动人口接受本科及以上教育的入学机会，以及所进入大学的质量都较非农户籍流动人口所不及。因此结构性的原因在于两组流动人口之间受教育机会和教育质量的不平等。

以上结果和分析进一步显示出农业户籍流动人口在劳动力市场中的弱势地位，而非农户籍流动人口受益于户籍带来的职业进入上的优势以及高等教育回报优势，体现了基于户籍的累积优势和正向选择。因此，从总体上看，流动人口内部户籍制度壁垒仍然存在。

第二节　流动人口各层次高等教育回报水平

针对我国全体居民以及城镇居民的高等教育回报研究已形成了比较丰富的研究结果。流动人口教育回报研究主要集中在线性教育回报、与城市本地劳动力的对比等议题上，多采取本地与外地"内外之别"的研究视角，研究对象主要是农民工这一群体。目前针对高等教育质量对流动人口收入影响的研究也较少涉及。在高人力资本流动者逐渐增多的背景下，针对流动人口高等教育回报的研究有待进一步丰富完善，因此本节将基于2015年中国流动人口动态监测调查数据，区分出专科、本科、研究生三个高等教育层级，讨论城城和乡城流动人口在流入地劳动力市场中各层次高等教育回报率水平情况，以反映高等教育质量与流动人口收入之间的关系。[①]

[①] 本节主要内容发表于《青年探索》2021年第3期的《中国流动人口高等教育回报的户籍差异研究》，略做文字调整。详见：王伶鑫. 中国流动人口高等教育回报的户籍差异研究[J]. 青年探索，2021（06）：88—99.

第六章 流动人口高等教育回报分析

一、变量选择

本节根据研究需要选取了外出原因为务工、当前生活在城市且有工作、身份为雇员、年龄在20—59岁的已婚流动人口,对存在缺失值的样本进行删除处理,最终获得的样本数为27927。根据城乡户籍类型将样本分为两类,其中乡城流动人口样本数为21176,城城流动人口样本数为6751。

因变量为上个月或者上一份工作的收入,并进行取自然对数处理。本小节的研究变量为各层级高等教育,均为0—1二分变量:(1)专科,高中=0,专科=1;(2)本科,专科=0,本科=1;(3)研究生,本科=0,研究生=1。控制变量包括社会人口学特征、流动范围、工作经验、单位类型、职业类别、所在省份等。

高等教育是本小节的核心研究概念,而个体接受高等教育这一变量通常具有内生性,解决内生性的方法一般有双胞胎样本、工具变量法、倾向值匹配等。根据以往研究,父母受教育程度、配偶受教育程度、义务教育法实施、是否经历大学扩招是常用的工具变量。[1][2][3]相关研究指出,我国婚姻匹配模式从20世纪80年代起一直保持相对稳定的状态,婚姻匹配的教育同质性上升明显,这为工具变量的寻找提供了有力的支撑。[4]通常情况下配偶受教育年限与个体受教育程度高度相关,但与个体的收入水平并无直接关系。采用配偶受教育年限作为个人受教育程度工具变量的研究较多,并且均通过工具变量的相关检验,可以认为配偶教育是强工具变量。因此,本节研究也将使用配偶受教育年限作为个体接受高等教育的工具变量,并将样本限定在已婚者范围内,全部样本中已婚者占比为78.91%。

本节研究虽以明瑟方程为基础,但明瑟方程所得到的教育回报率是均质的,而分位数回归可以进一步分析教育在不同收入分位点上的作用大

---

[1] 刘泽云. 教育收益率估算中的几个方法问题[J]. 北京大学教育评论. 2009(1):139—150.
[2] 赵西亮. 教育、户籍转换与城乡教育收益率差异[J]. 经济研究. 2017(12):164—178.
[3] 刘生龙,胡鞍钢. 效率与公平:高校扩招与高等教育回报的分位数处理效应[J]. 学术研究. 2019(4):72—84.
[4] 李煜. 婚姻的教育匹配:50年来的变迁[J]. 中国人口科学. 2008(3):73—79.

小，可以更好地体现教育回报的异质性。因此，本节研究将进一步使用分位数回归计算分城乡户籍的流动人口各层级高等教育回报率，并纳入工具变量进行修正，目的是考察在不同收入位置上高等教育回报是否存在差异，并分别从城城流动和乡城流动两个群体来分析各层级高等教育回报模式的变化情况。

二、两类流动人口不同高等教育层级的回报率差异

本节的研究重点是流动人口在专科、本科以及研究生教育程度上的回报率及其户籍差异。表6-4给出了流动人口各层级高等教育回报率的OLS回归和IV模型的结果，从总体上看，在细分了高等教育质量后，教育程度仍然与流动人口的收入水平存在着高度显著的正向相关，专科、本科回报率存在"城高乡低"的特点。

OLS回归结果显示，相较于高中毕业者，乡城流动人口的高等教育回报率为17.02%，城城流动人口则为24.42%。针对高等教育的内生性，进一步采用了有效的工具变量法进行估计。研究结果显示，OLS回归会低估流动人口的高等教育回报率。乡城流动人口的高等教育回报率IV估计结果为38.03%，城城流动为52.76%，且均在1%的水平上正向显著。这一结果说明，对于乡城流动人口而言，接受高等教育流动人口的工资收入比高中毕业者高出超过33%；而城城流动人口相对高中毕业者的工资收入增幅超过了50%，高等教育的"增收"效应更加明显。

进一步将高等教育分为专科、本科、研究生三个层级，作为高等教育质量的逐级提升的变量表达，研究结果表明城城流动人口在高等教育质量的提升中获益最大。模型结果显示，在专科水平上，乡城流动人口的回报率为36.33%，城城流动为38.2%；在本科水平上，乡城流动人口的回报率提高到47.92%，城城流动则进一步扩大到49.15%。在专科和本科阶段，乡城流动人口的回报率与城城流动人口较为接近，这说明基础高等教育能够有效提高流动人口的收入水平，基于市场化逻辑的高等教育回报机制能够在一定程度上降低户籍带来的制度性壁垒。在高考分流时进入本科层次的流

动人口能够获得更大幅度的收入提升，这说明高等教育质量同样对收入有重要作用。

在研究生阶段，乡城流动人口OLS模型中的回归系数并不显著，并且未通过IV模型的检验；城城流动模型则获得了高度正向显著的系数结果。对于城城流动人口而言，较本科教育水平，研究生教育水平能够使工资提高69.46%，收益提升的幅度在各教育阶段中最大。但乡城流动人口对于研究生教育的投资似乎没有获得正向的回报，其收入水平与本科毕业者相比并未获得显著的提升。越高质量的高等教育对应了更稀缺的入学机会，在研究生层次乡城流动者数量骤降，与城城流动人口形成明显的结构性差异。并且城城流动人口能够从研究生阶段获得最高的教育收益，这说明在较高的高等教育层级上仍然存在基于户籍的教育机会获得不平等的问题，进而导致乡城流动人口在收入提升上遭遇学历"天花板"。

表6-4　分户籍的流动人口高等教育回报OLS和工具变量回归结果

变量	OLS回归			IV模型		
	全部样本	乡城流动	城城流动	全部样本	乡城流动	城城流动
高等教育	0.2015***	0.1702***	0.2442***	0.4498***	0.3803***	0.5276***
	(0.0093)	(0.0113)	(0.0158)	(0.0205)	(0.0250)	(0.0344)
样本数	12745	7331	5414	12745	7331	5414
专科	0.1541***	0.1367***	0.1790***	0.3792***	0.3655***	0.3820***
	(0.0097)	(0.0121)	(0.0163)	(0.0241)	(0.0310)	(0.0377)
样本数	10015	6630	3385	10015	6630	3385
本科	0.3027***	0.2680***	0.3153***	0.4937***	0.4792***	0.4915***
	(0.0131)	(0.0179)	(0.0204)	(0.0263)	(0.0395)	(0.0367)
样本数	8994	5549	3445	8994	5549	3445
研究生	0.1192***	0.0821	0.1179**	0.7452***	1.1504**	0.6946***
	(0.0332)	(0.0795)	(0.0372)	(0.1595)	(0.4027)	(0.1763)
样本数	2730	701	2029	2730	701	2029

注：为便于展示结果，只列出了研究变量的回归系数和标准误，其他控制变量回归结果略

$*p < 0.05$，$**p < 0.01$，$***p < 0.001$

三、不同收入位置上两类流动人口高等教育回报率差异

OLS回归所得到的教育回报率结果是基于均值的回归分析，分位数回归则可以进一步分析不同收入位置上流动人口高等教育回报的差异性。同样使用配偶教育年限作为工具变量，使用工具变量分位数回归法分别对专科及以上教育阶段、专科、本科和研究生阶段进行教育回报率的估算，每10个分位点进行一次分位数回归。由于农业户籍流动人口具有研究生教育程度的案例数只有33个，回归系数标准误波动范围较大，且回归系数均不显著，因此本部分仅讨论专科及以上、专科和本科的教育回报率情况。

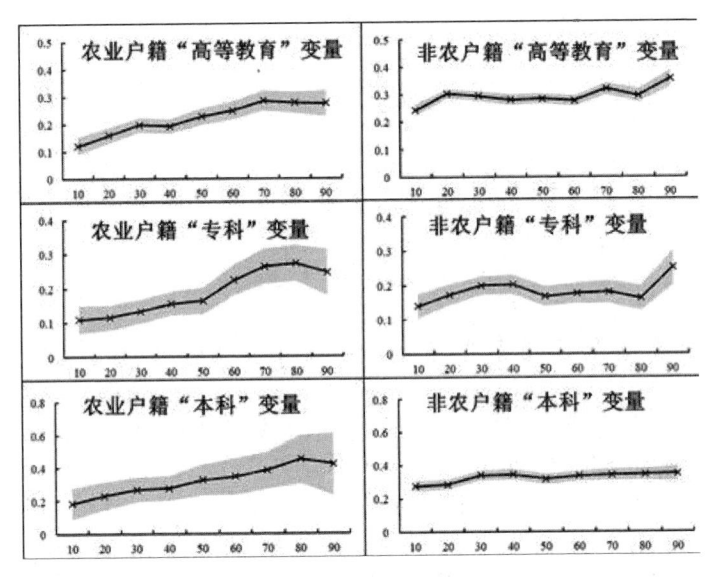

图6-2 分户籍的各高等教育变量IV分位数回归系数

注：横轴为分位点，纵轴为回归系数

图6-2给出了分户籍的流动人口高等教育工具变量分位数回归的结果，各高等教育变量的回归系数均在1%的水平上正向显著。将专科及以上教育程度合并后的IV分位数回归结果显示，高等教育回报率在乡城流动和城城流动人口中显示出较为一致的变动趋势，回报率随着收入位置的提高而增大。分户籍类型来看，城城流动人口的高等教育回报率在各分位点上均高于乡城流动人口。乡城流动人口在高分位点处的回报率与非农户籍流动人

口较低分位点处的回报率较为接近，并且在第10分位点处高等教育回报率的户籍差异最大；从第10分位点到第80分位点高等教育回报率的户籍差异呈现逐渐缩小的趋势；在第90分位点处，农业户籍回报率有些微下降，而非农户籍回报率出现了明显上升，高等教育对最高收入阶层的收入提升作用显示出明显的户籍优势。

进一步分专科和本科层次来看，本科教育回报率在各收入位置上均高于专科，流动人口高等教育质量提升对于收入的正向作用再次得到支持。在乡城流动人口中，专科层次的回报率在最低收入位置上最小，为10.92%；随着收入位置的升高专科回报率不断增大，直到位于前20%的收入水平上达到最大值，为27.32%；在到达收入最高的前10%层级时，专科回报率略有回落，为24.62%。在本科层次上，回报率的变化也呈现类似的趋势，从10分位点处的18.48%上升到80分位点处的峰值45.08%，随后在最高收入位置上回落至42.11%。

对于城城流动人口而言，其专科回报率经历了上升—下降—上升的波动，第一个顶点出现在第40分位点处，达到了20.23%；在收入最高的10%层级中专科回报率出现了强势上升，达到了回报率峰值25.18%。在本科层次上，城城流动人口的回报率起点较高，整体上随着收入层级的提高回报率波动范围并不大。在收入最低的10%层级上能够获得27.5%的本科教育回报；在收入位于较低的层级时本科回报率已经达到33.88%；当收入达到中间位置时，本科回报率反而有所下降，降至31.59%；在中高收入层级中，回报率一路上升，在最高10%的收入层级中达到峰值34.84%。

从总体上看，无论是乡城流动人口还是城城流动人口，随着收入层级的上升高等教育回报率也在提高，但也存在着回报模式的差异。从高等教育"增收"模式来看，乡城流动的本科和专科回报率在最高收入层级上均出现了下降，而城城流动出现明显的"翘尾"效应，这说明城城流动人口的最高收入阶层能够最大限度地从教育投资中获得高物质回报，形成人力资本和社会经济地位的优势叠加。从高等教育"增收"效应的幅度来看，城城流动的本专科回报率在中等及以下收入阶层中高于乡城流动人口，但是在中高收入阶层中回报率不及乡城流动人口。从收入的绝对数上看，城城流动人口仍高于乡城流动人口，这表明高等教育的"增收"作用在流动人口内部仍受制于基础收入水平的户籍差异，而这一差异是由附着户籍制度上的多重资源差异叠加形成的。

第七章　青年流动人口教育健康回报分析

《"健康中国2030"规划纲要》指出，"健康是促进人的全面发展的必然要求，是经济社会发展的基础条件"。在快节奏的现代生活环境中，健康成为人们越来越关心的话题，良好的健康状况对提高工作效率、提升生活质量、增加幸福感具有重要作用。从宏观健康的角度来看，当前我国居民疾病谱发生了明显转变，主要疾病类型由传染性疾病向慢性疾病转变，青年群体的慢性疾病风险正在不断上升。青年群体往往面临较大的工作压力，睡眠不足、缺乏运动、饮食不规律等不健康的生活方式较为常见，其健康状况值得高度关注。

青年流动人口是青年群体的重要组成部分，也是推动经济社会发展的生力军。第七次全国人口普查数据显示：我国16—35岁青年流动人口共1.52亿人，占全部流动人口的40.4%，占全部16—35岁青年人口的41.3%；如将青年人口的年龄上限拓展至44岁，则青年流动人口总规模为2.06亿人，占全部流动人口的54.9%，占全部青年人口的38.1%。对青年流动人口而言，教育和健康都是人力资本的重要组成部分，对流动选择、流动过程具有重要影响。综合来看，青年流动人口可以通过提高受教育程度获得更高的收入，那么在流动决策、生活方式转型等因素的共同影响下，教育对青年流动人口健康水平的影响将会如何，是否存在教育的非物质收益，值得进一步研究。基于此，本章在社会分层理论视角下，基于社会因果论理论框架将青年流动人口受教育程度对健康评价的影响进行分析，把健康水平视为人力资本的重要组成部分，使用2014年流动人口动态监测调查的8个城市社会融合数据，就教育程度变化对多维度健康指标的影响结果进行讨论，以期对教育健康效应研究进行进一步扩展。[①]

第一节 理论基础与文献回顾

自1980年《布莱克报告》发表以来，健康不平等现象成为重要的研究议题。从健康梯度的角度来看，以往研究中普遍发现社会经济地位与健康之间存在着相关关系，即更高的社会经济地位通常与更好的健康状况相联系，这一现象在国外研究中多次得到实证支持，被称为"SES—健康梯度"。目前对社会经济水平和健康之间的因果解释机制主要有两种：社会因果论和健康选择论。社会因果论认为，社会结构决定个体的健康水平，经济地位越高，健康状况越好，经济地位越差者则反之；健康选择论认为，健康水平是个体流动的筛选机制，健康状况更好的个体更有可能获得较高的社会经济地位，体现了健康要素对社会经济地位的选择性。针对中国的研究发现，社会因果论显示了更强的解释力。[②]

教育是社会经济地位的重要测量指标，在社会因果论视角下也被普遍认为是社会经济因素中影响健康最根本的要素。教育影响健康的理论视角主要有社会分层理论的资源占有视角、人力资本理论的"投资—收益"视角和生命历程理论视角。本章将采取社会分层理论视角进行分析，在这一理论视角下，"资源替代理论"和"资源强化理论"是一对经常被加以检验的解释框架。"资源替代理论"认为，教育的健康回报有"拉平"群体间差异的功效，在弱势群体中效应更强，可以弥补其他资源缺失带来的劣势。与之相对应的是"资源强化理论"，认为教育的健康回报具有马太效应，在优势群体中回报更高，并且与其他资源相叠加，进一步累积了优势。针对我国相关的实证检验结果对这两种假设均有部分支持，但是具体

[①] 本章内容全文发表于《中国劳动关系学院学报》2023年第4期的《青年流动人口教育健康效应及群体差异研究》，本章略做文字修改。详见：王伶鑫. 青年流动人口教育健康效应及群体差异研究[J]. 中国劳动关系学院学报，2023，37（04）：99—113.

[②] 王甫勤. 社会经济地位、生活方式与健康不平等［J］. 社会，2012，32（02）：125—143.

的作用机制仍存在群体、受教育程度的异质性,教育对健康的影响存在"阈限效应"。[1][2]

针对我国居民进行的研究表明,不同教育程度对健康的影响方向呈现出多样化的结果,包括正向回报、倒"U"形关系、教育阶段差异等。[3][4]相关研究认为,教育阶段健康效应的阈值门槛不同。例如,有研究认为,正向效应存在于初中及以下学历人群[5];也有研究发现,高中教育具有正向作用[6];还有部分研究发现,高等教育对健康具有负向效应,表现为通过睡眠时间、工作内容等要素对健康产生负面影响,以及对抑郁指数的抬升。[7][8]综上可以看出,教育健康效应存在教育阶段异质性,这一异质性可能源自不同群体效应的混合,因此需要进一步区分各类群体进行研究。

从群体差异的角度来看,教育健康效应在性别、城乡、队列等方面均存在异质性。例如,有研究发现我国成年男性体重和身高与教育程度保持正向关系,成年女性这一关联性则随着时间推移由正转负。教育健康效应在不同教育阶段上存在城乡差异,农村居民表现为从义务教育到高中阶段的累积效应,城镇居民则更早地受益于高质量义务教育带来的健康回报。[9]教育健康效应的队列差异表现为由早期队列的负向效应向近期队列的正向

---

[1] 胡安宁. 教育能否让我们更健康——基于2010年中国综合社会调查的城乡比较分析[J]. 中国社会科学, 2014(05): 116—130, 206.
[2] 毛毅, 冯根福. 教育对健康的影响效应及传导机制研究[J]. 人口与经济, 2011(03): 87—93.
[3] 胡安宁. 教育能否让我们更健康——基于2010年中国综合社会调查的城乡比较分析[J]. 中国社会科学, 2014(05): 116—130, 206.
[4] 毛毅, 冯根福. 教育对健康的影响效应及传导机制研究[J]. 人口与经济, 2011(03): 87—93.
[5] 洪岩璧, 陈云松. 教育影响健康的群体差异(2005—2012):资源替代与劣势叠加[J]. 社会发展研究, 2017, 4(01): 1—18, 242.
[6] 王茵, 何秀荣. 教育能否产生健康收益?——基于倾向分值匹配的异质性分析[J]. 教育与经济, 2015(05): 55—61, 72.
[7] 赵红军, 胡玉梅. 教育程度一定会提高健康水平吗?——基于中国家庭追踪调查(CFPS)的实证分析[J]. 世界经济文汇, 2016(06): 90—106.
[8] 石智雷, 杨宇泽. 高学历的人更容易抑郁吗?——教育对成年人抑郁情绪的影响[J]. 北京师范大学学报(社会科学版), 2020(02): 148—160.
[9] 胡安宁. 教育能否让我们更健康——基于2010年中国综合社会调查的城乡比较分析[J]. 中国社会科学, 2014(05): 116—130, 206.

效应转变，特别是20世纪60年代以后的出生队列更多地受益于教育对健康的正向影响。[①]也有研究指出，对于健康基础较差和较好的人群而言，教育提升对健康具有促进作用，但总体上呈现出随教育程度提高健康边际效应递减的特点。[②]

从人口流动的角度来看，专门讨论流动人口教育健康效应的研究较少。相关研究指出，主观社会经济地位对户籍人口和本地人口的心理健康具有促进作用，但客观社会经济地位只对城城流动人口产生促进作用。[③]流动人口在进入流动状态时具有正向健康选择性，但在退出流动时呈现出健康损耗的"三文鱼"偏误现象，因此其健康状况和变化趋势更为复杂。与老一代流动人口相比，青年流动人口群体具有更高的受教育程度，其教育健康效应值得进一步讨论。

综上所述，当前研究较为一致地发现教育程度提高与较好的健康水平具有正向关联性，但同时也存在着教育阶段的作用异质性，表现为这一正向效应在达到某一教育程度时消失，甚至转为负向效应。现有研究对流动人口健康的讨论主要集中在健康教育、健康档案、生殖健康、基本公共卫生服务均等化等方面，讨论多维度健康指标的研究较少。在研究对象细分上，相关讨论较多地集中于全部流动人口、老年流动人口、流动孕产妇等群体，针对青年流动人口的研究较为缺乏且研究主题以健康知识获得为主；在健康指标的选择上，当前研究主要基于单一的自评健康指标展开，多为单时点数据，未能充分反映综合健康状况和健康变化情况。对于青年流动人口群体而言，在流入地健康保障水平不足可能导致更大的健康损耗，如果教育程度的提高有助于青年流动人口形成自身健康保护效用，那么这将是实现青年高质量就业、拓展人力资本红利的重要路径。基于此，本章以青年流动人口作为研究对象，对受教育程度如何影响青年流动人口

[①]郑莉，曾旭晖. 教育的健康回报及其队列差异——基于成长曲线模型的分析[J]. 人口与经济，2018（02）：69—79.

[②]李青原. 教育对健康的分布处理效应——基于断点回归设计[J]. 教育与经济，2022，38（03）：87—96.

[③]程菲，李树茁，悦中山. 中国城市劳动者的社会经济地位与心理健康——户籍人口与流动人口的比较研究[J]. 人口与经济，2018（06）：42—52.

的健康状况进行研究,在健康指标选择上兼顾自评健康、健康变化和精神健康维度,以期更全面地反映青年流动人口群体教育健康效应水平,丰富相关研究内容。

第二节 数据来源与变量选择

一、数据与变量

本章研究使用2014年流动人口动态监测调查的8个城市社会融合数据,这一数据的健康模块对流动人口的健康状况进行了较为详细的调查,相关数据能够满足本章的研究需要。[①]根据《中长期青年发展规划(2016—2025年)》对青年年龄的界定,并根据学业完成情况、就业情况、出生队列等要素,本章研究将分析样本限定于18—34岁、外出满1年、非市内跨县、调查时有工作、就业身份为雇员且流动原因为外出务工的青年流动人口,有效样本数为4197个。

因变量包括了自评健康、精神健康和健康知识三个维度。自评健康使用"自评健康与总体相比""自评健康与一年前相比""健康是否在变坏"3个指标进行测量,均重新编码为0—1变量。将"健康自评之总体"这一问题的"非常好""很好""好"回答项编为"健康",赋值为1;将"一般""差"回答项编为"不健康",赋值为0。将"健康自评之跟一年以前比"这一问题的"好多了""好一些""差不多"回答项编为"健康较一年前没有变差",赋值为1;将"差一些""差多了"回答项编为"健康较一年前变差",赋值为0。将"健康在变差"这一问题的"绝对正确""大部分正确"回答项编为"健康在变差",赋值为1;将"不能肯定""大部分

[①] 为满足研究需要,本章研究需要较为充足的青年流动人口样本,并且数据需满足同时具有多维度健康指标、工作特征、流动特征等变量的要求。2014年流动人口动态监测调查进行了社会融合专题调查,其中具有较为详细的健康指标、流动人口工作特征等信息,后续多轮调查均未提供相关信息,因此本研究使用了2014年调查数据。

错误""绝对错误"回答项编为"健康没有变差",赋值为0。

精神健康由"情绪之紧张""情绪之绝望""情绪之不安或烦躁""情绪之沮丧""情绪之无力""情绪之无价值"6个变量加总构成。原始变量的1—5分别对应该项负面情绪感受程度由"全部时间"都有到"无",加总后得到的精神健康定距变量分值越高表示精神健康状况越好。

健康知识使用流动人口是否接受了相关健康知识教育进行测量。9项健康知识教育分别为职业病防治、艾滋病防治、生殖与避孕、结核病防治、性病防治、精神障碍防治、慢性病防治、营养健康知识、其他传染病防治。对于每项健康知识教育,参加过赋值为1,未参加过赋值为0,将9项健康教育活动参与情况进行加总得到0至9分的健康知识定距变量,得分越高代表流动人口的健康知识知晓程度越高。

本章的核心自变量是受教育程度。为更好地进行不同教育程度间的比较,将"未上过学""小学""初中"合并为"初中及以下"项,"高中"单列一项,"大学专科""大学本科""研究生"合并为"大专及以上"项,并将"高中"项作为参照组。

控制变量包括社会人口学特征、工作特征、流动特征、主观社会地位评价以及所在城市。社会人口学特征变量包括年龄、性别、户籍、婚姻状况;工作特征变量包括上个月/上次就业收入对数、工作职业类型、每周平均工作时间是否超过44小时、是否签订劳动合同;流动特征变量包括本次流动时长、是否跨省流动;主观社会地位评价使用1—10分评分测量,得分越高代表主观社会地位水平越高;所在城市为本次调查包括的8个城市。

本章研究步骤主要分为三步:首先对全部青年流动人口的教育健康效应进行检验;其次对不同青年流动人口群体进行教育健康效应的异质性检验,分组维度包括性别、城乡户籍以及代际;最后使用替换变量进行稳健性检验。根据因变量的特点,本章研究将使用logistic回归和OLS回归进行分析。

二、主要变量描述性分析

本章使用主要变量的描述性统计如表7-1所示。纳入本研究范围的青年流动人口平均年龄为27.13岁，其中，男性青年流动人口平均年龄为27.42岁，女性为26.86岁；青年流动人口中男性占比55.6%，女性占比44.4%；超80%青年流动人口为农业户籍，非农户籍占比为15.8%。

表7-1 主要变量统计描述（N=4197）

变量	均值	标准差	最小值	最大值
总体自评健康（参照组=不健康）	0.91	0.28	0	1
健康较一年前变化（参照组=变差）	0.91	0.29	0	1
健康变差（参照组=没有变差）	0.08	0.28	0	1
精神健康	26.48	3.09	6	30
健康知识	2.79	2.80	0	9
受教育年限	11.47	2.82	0	19
年龄	27.17	4.124	18	44
男性（参照组=女性）	0.56	0.50	0	1
非农户籍（参照组=农业户籍）	0.16	0.37	0	1
在婚（参照组=未婚）	0.56	0.50	0	1
上月/上次工作收入	3690.82	2319.99	100	50000
周平均工作时间（参照组=未超过44小时）	0.74	0.44	0	1
签订合同（参照组=未签订）	0.75	0.43	0	1
跨省流动（参照组=省内跨市）	0.57	0.50	0	1
主观社会地位评价	4.59	1.64	1	10
教育程度	占比（%）			
初中及以下	44.84			
高中（参照组）	29.14			
大专及以上	26.02			
工作类别	占比（%）			
企事业单位办事人员、公务员（参照组）	2.67			
专业技术人员	14.03			
商业、服务业	46.96			

续表

变量	均值	标准差	最小值	最大值
生产运输类操作人员	36.34			
本次流动时长	占比（%）			
1—3年（参照组）	59.47			
4—5年	18.54			
6—10年	17.42			
10年以上	4.57			

在受教育水平方面，青年流动人口平均受教育年限为11.47年，接近高中毕业的教育程度；青年流动人口中初中及以下受教育水平占比44.84%，高中学历占比29.14%，大专及以上学历占比26.02%。在工作特征方面，青年流动人口月平均收入为3690.82元；在商业、服务业就业的比重最高，达到46.96%，其次为生产运输类操作人员，占比为36.34%；超时劳动现象在青年流动人口中较为普遍，青年流动人口平均每天工作8.93小时，周均工作时间超过44小时的比重达到74%；签订劳动合同的比例达到75%，说明青年流动人口具有较好的劳动权益保障意识。

从流动特征来看，全部青年流动人口平均流动时长为3.84年，男性平均流动时长为3.96年，高出女性0.28年；农业户籍青年流动人口平均流动时长为3.75年，非农户籍青年流动人口为4.30年。在流动距离方面，有56.68%的青年流动人口为跨省流动，非农户籍青年流动人口中跨省流动的比例达到69.02%，高出农业户籍14.70个百分点，在流动距离上呈现出明显的户籍差异。

总体来看，青年流动人口的健康自评状况较好。有91.32%的青年流动人口健康自评状况为好，有90.52%的青年流动人口认为自己的健康情况与上年相比没有变差，感到健康状况逐渐变差的比例为8.24%。青年流动人口精神健康得分均值为26.48，总体处于较好的精神健康状态。青年流动人口健康知识平均得分为2.79，从接受健康知识项目数量来看，有30.31%的青年流动人口未接受过健康知识教育，接受过5种以上健康知识的比重为17.56%，这说明青年流动人口健康知识教育还有进一步提升的空间。

表7-2是不同类型青年流动人口健康状况的描述性统计。在总体自评健康维度，女性自评为健康的比例低于男性；非农户籍低于农业户籍；

自评为健康的比例随着出生队列推移而下降，表现为"80后"自评为健康的比例低于"90后"群体。从健康较一年前变化的角度来看，女性感受到一年来健康没有变差的比例略高于男性，非农户籍低于农业户籍，"90后"与"80后"基本持平。在健康逐渐变差感知维度，男性、非农户籍和"80后"群体均表现出更强烈的健康变差感知。在精神健康维度，女性青年流动人口得分低于男性，非农户籍得分低于农业户籍，"80后"得分高于"90后"。在健康知识维度，女性相较于男性、非农户籍相较于农业户籍、"80后"相较于"90后"均具有较高的健康知识水平。由此可见，青年流动人口在各维度健康指标上的表现存在群体异质性，包括性别差异、城乡差异以及队列差异，因此有必要在接下来的研究中针对不同群体进行分析。

表7-2 青年流动人口健康状况统计描述

变量	均值					
	男性	女性	农业户籍	非农户籍	"80后"	"90后"
总体自评健康（参照组=不健康）	0.93	0.90	0.92	0.90	0.91	0.93
健康较一年前变化（参照组=变差）	0.90	0.91	0.91	0.88	0.91	0.91
健康变坏（参照组=没有变坏）	0.09	0.08	0.08	0.10	0.09	0.07
精神健康	26.53	26.43	26.51	26.32	26.51	26.40
健康知识	2.68	2.92	2.67	3.44	2.84	2.65
样本量	2332	1865	3532	665	3050	1147

第三节 结果分析

一、全体青年流动人口的教育健康效应

全体青年流动人口受教育程度对健康影响的回归结果如表7-3所示。总

体来看,各模型中的教育变量均表现显著。与高中教育受教育水平相比,初中及以下受教育水平的青年流动人口总体健康自评为不好的可能性显著更高,并且健康知识获得水平显著较低;大专及以上受教育水平者评价为一年内健康没有变差的可能性显著更低,且有更高的可能性评价为自身健康状况逐渐变差,精神健康得分也显著更低。由此可见,在义务教育阶段结束后继续接受高中教育对总体健康自评起到了促进作用,但这一效应在高中到大学教育阶段的提升中并不存在。高等教育表现出与健康变差的关联性,较之高中受教育水平,接受高等教育的青年流动人口一年内健康没有变差的可能性显著降低、健康逐渐变差的可能性显著升高、精神健康水平明显下降,这可能与高等教育劳动者自我期待较高、工作压力较大、竞争较为激烈、难以长期保持健康的生活方式有关。

表7-3 全部流动人口教育健康效应估计结果

变量	总体自评	一年未变差	健康变坏	精神健康	健康知识
教育程度(参照组=高中)					
初中及以下	−0.3791**	0.0026	0.1741	0.0165	−0.3084**
	(0.1462)	(0.1425)	(0.1531)	(0.1179)	(0.1028)
大专及以上	−0.1037	−0.6467***	0.6998***	−0.3266*	−0.2266+
	(0.1769)	(0.1567)	(0.1688)	(0.1416)	(0.1235)
年龄	−0.1232	0.2540	0.0518	−0.1642	0.1296
	(0.1721)	(0.1585)	(0.1798)	(0.1399)	(0.1220)
年龄平方	0.0015	−0.0045	−0.0007	0.0024	−0.0026
	(0.0032)	(0.0029)	(0.0033)	(0.0026)	(0.0023)
男性	0.3828**	−0.0103	0.0958	0.0558	−0.2795**
	(0.1172)	(0.1131)	(0.1203)	(0.0988)	(0.0862)
非农户籍	−0.2774	−0.1251	−0.1932	−0.0494	0.3824**
	(0.1729)	(0.1594)	(0.1738)	(0.1500)	(0.1308)
在婚(参照组=未婚)	0.1390	−0.0876	0.0385	0.4324***	0.0566
	(0.1545)	(0.1525)	(0.1582)	(0.1303)	(0.1136)

续表

变量	总体自评	一年未变差	健康变坏	精神健康	健康知识
收入对数	0.0134	−0.0570	−0.0843	0.2656*	0.1224
	（0.1575）	（0.1518）	（0.1551）	（0.1327）	（0.1158）
职业（参照组=办事人员、公务员）					
专技人员	−0.4901	−0.7083+	0.5269	−0.5144	−0.0893
	（0.4020）	（0.4189）	（0.4226）	（0.3164）	（0.2760）
商业服务业	−0.1225	−0.5560	0.6572	−0.2669	−0.7960**
	（0.3896）	（0.4096）	（0.4094）	（0.3022）	（0.2635）
生产运输	−0.3762	−0.6258	0.5904	−0.0799	−0.9140***
	（0.3989）	（0.4168）	（0.4203）	（0.3107）	（0.2710）
周平均工作超44小时	−0.2158	−0.3459*	−0.0594	−0.0919	−0.2394*
	（0.1465）	（0.1403）	（0.1389）	（0.1186）	（0.1034）
签订合同	0.2661+	−0.2723+	0.1925	−0.0795	0.4728***
	（0.1371）	（0.1469）	（0.1546）	（0.1180）	（0.1030）
流动时长（参照组=1—3年）					
4—5年	−0.0363	0.0834	−0.1190	0.2351+	−0.0193
	（0.1543）	（0.1554）	（0.1647）	（0.1273）	（0.1110）
6—10年	−0.2619+	−0.1600	0.3066*	0.1352	0.1624
	（0.1509）	（0.1498）	（0.1531）	（0.1347）	（0.1175）
10年以上	−0.1916	−0.4791*	0.5219*	0.0537	0.6368**
	（0.2616）	（0.2361）	（0.2461）	（0.2350）	（0.2049）
跨省流动	0.2424	−0.0650	0.0789	−0.0317	0.0114
	（0.1693）	（0.1570）	（0.1705）	（0.1405）	（0.1225）
地位自评	0.1570***	0.1606***	−0.0902*	0.2920***	0.0575*
	（0.0350）	（0.0338）	（0.0356）	（0.0293）	（0.0255）
居住城市（参照组=成都市）					
嘉兴市	0.1872	0.0531	−0.1999	0.6276**	−1.6611***
	（0.2970）	（0.3057）	（0.3306）	（0.2398）	（0.2092）
青岛市	0.5420+	−0.0597	0.4272	0.7984***	−0.7358***
	（0.2818）	（0.2819）	（0.2733）	（0.2132）	（0.1859）

续表

变量	总体自评	一年未变差	健康变坏	精神健康	健康知识
深圳市	−0.1952	−0.3193	0.4610+	0.0287	−1.3139***
	（0.2641）	（0.2698）	（0.2788）	（0.2200）	（0.1918）
北京市	−0.5296*	−0.2517	0.4735+	0.6467**	−0.8481***
	（0.2693）	（0.2745）	（0.2838）	（0.2261）	（0.1972）
厦门市	−0.0347	−0.5423*	0.2600	0.6528**	0.8508***
	（0.2440）	（0.2448）	（0.2650）	（0.2023）	（0.1764）
郑州市	−0.0110	−0.3821	−0.0157	0.2578	−0.7666***
	（0.2364）	（0.2454）	（0.2733）	（0.1958）	（0.1707）
中山市	−0.2682	−0.9605***	0.6227*	0.0321	−1.2924***
	（0.2705）	（0.2643）	（0.2880）	（0.2317）	（0.2021）
常数项	3.9859	0.2991	−3.6102	25.3671***	1.4153
	（2.5735）	（2.3817）	（2.6706）	（2.0895）	（1.8223）
样本量	4197	4197	4197	4197	4197
卡方值	80.4967	109.2107	68.8353		

注：+ $p < 0.10$，*$p < 0.05$，**$p < 0.01$，***$p < 0.001$。

从控制变量的回归结果来看：在总体自评健康维度，青年男性流动人口健康自评为好的可能性显著高于女性；签订合同和更高的主观社会地位自评显著提高了健康自评为好的可能性。在健康变化维度，超时工作、10年以上外出流动显著降低了一年内健康没有变差的可能性；6年及以上较长时间的外出流动显著增加了健康变差感知，主观社会地位评价的提高可以延缓健康变差感知。精神健康更多受到婚姻状况和收入水平的影响，处于在婚状态、收入水平越高的青年流动人口，其精神健康状况越好，并且主观社会地位评价也具有显著的正向促进作用。在健康知识维度，青年男性流动人口健康知识获取程度显著低于女性，非农户籍、签订了劳动合同、在流入地生活10年以上、主观社会地位评价提高均显著提升了青年流动人口健康知识水平；与办事人员、公务员相比，商业服务业人员、生产运输类操作人员在健康知识水平上显著更低，超时工作也显著降低了青年流动人口的健康知识获取程度。从所居住城市来看，青年流动人口的精神健康和健康知识水平存在较为明显的区域差异，其他健康指标的地区差异并不显著。

二、群体异质性分析

（一）性别差异

将样本分为男性和女性两个子样本，表7-4是分性别的青年流动人口教育健康回报的回归结果。可以看出，教育健康效应在男性和女性青年流动人口之间呈现不同的作用模式。

表7-4　分性别的青年流动人口教育健康效应估计结果

变量（参照组=高中）	总体自评	一年未变差	健康变坏	精神健康	健康知识
男性样本					
初中及以下	−0.2085	0.0466	0.1416	−0.1073	−0.3533**
	（0.2019）	（0.1881）	（0.2005）	（0.1561）	（0.1348）
大专及以上	0.0518	−0.4905*	0.7422***	−0.4272*	−0.1645
	（0.2526）	（0.2120）	（0.2229）	（0.1928）	（0.1664）
女性样本					
初中及以下	−0.5732**	−0.0110	0.1535	0.1986	−0.2517
	（0.2144）	（0.2222）	（0.2402）	（0.1814）	（0.1604）
大专及以上	−0.2708	−0.8174***	0.6811*	−0.2075	−0.3356[+]
	（0.2534）	（0.2381）	（0.2645）	（0.2107）	（0.1864）

注：[+]$p<0.10$，*$p<0.05$，**$p<0.01$，***$p<0.001$

对男性青年流动人口而言，教育程度对一年健康未变差、健康变差、精神健康和健康知识产生了显著影响，对于总体健康自评并没有显著影响。具体表现为与高中教育水平相比，大专及以上教育水平的男性青年流动人口自评为健康在一年内未变差的可能性显著更低，自评为健康逐渐变差的可能性显著更高，精神健康得分显著更低，说明高等教育加剧了男性青年流动人口的健康变差感知，并且对精神健康产生了负面影响；初中及以下受教育水平显著降低了男性青年流动人口的健康知识获得水平。

对于女性青年流动人口而言：与高中教育水平相比，初中及以下教育水平显著降低了其自评为健康的可能性；大专及以上教育增加了健康变差感知的可能性，这与男性子样本较为一致；初中及以下教育对青年女性流动人口健康知识的影响并不显著，这与男性子样本存在一定差别，表现为青年男性流动人口更显著地受到较低受教育程度对健康知识获取的负向影响。

将男性和女性青年流动人口的回归结果进行比较,可以看出,教育健康效应在自评健康维度上存在性别差异,表现为未进行高中升学导致的教育水平停滞对女性青年人口健康的负向影响更为明显。教育对健康变差感知在高中向大学的转变阶段出现了转折,高等教育加剧了负向健康感知,并且这一转折在男性和女性青年流动人口中均存在,可认为是一种较为普遍的现象。

(二)城乡差异

以往研究指出,城乡居民之间教育健康回报模式有所不同。[①]对于青年流动人口而言,户籍要素的影响贯穿于其教育获得、职业选择、劳动力市场进入等重要生命历程事件,因此将样本分为非农户籍和农业户籍两个子样本分别进行回归,考察教育健康效应在青年流动人口中是否存在城乡户籍差异。

表7-5是分户籍的青年流动人口教育程度对各健康指标的回归结果,可以看出,不同教育阶段对健康的影响具有较为明显的城乡差异,教育健康效应在农业户籍青年流动人口中更为明显。对非农户籍青年流动人口而言,受教育程度提高的影响主要存在于一年内健康未变差和健康变差两个维度;农业户籍者教育程度的变化对各个健康指标均具有显著影响。

表7-5 分户籍的青年流动人口教育健康效应估计结果

变量(参照组=高中)	总体自评	一年未变差	健康变坏	精神健康	健康知识
非农户籍样本					
初中及以下	−1.2815*	−0.1726	0.8575	−0.2515	−1.1053*
	(0.5139)	(0.5977)	(0.6404)	(0.5122)	(0.4832)
大专及以上	0.1050	−0.8870*	1.3680**	−0.1395	−0.4179
	(0.4009)	(0.3771)	(0.4629)	(0.3359)	(0.3170)
农业户籍样本					

[①] 胡安宁. 教育能否让我们更健康——基于2010年中国综合社会调查的城乡比较分析[J]. 中国社会科学, 2014(05):116—130, 206.

续表

变量（参照组=高中）	总体自评	一年未变差	健康变坏	精神健康	健康知识
初中及以下	−0.3033*	0.0193	0.1327	0.0422	−.2507**
	（0.1544）	（0.1492）	（0.1594）	（0.1222）	（0.0892）
大专及以上	−0.1373	−0.6101***	0.6512***	−0.4434**	−0.0910
	（0.2038）	（0.1763）	（0.1856）	（0.1586）	（0.1234）

注：*$p < 0.05$，**$p < 0.01$，***$p < 0.001$

对于非农户籍青年流动人口而言，与高中相比，接受高等教育的人群评价为健康逐渐变差的可能性显著更高，初中及以下受教育程度者健康总体自评更差，并且健康知识水平显著更低。农业户籍青年流动人口在自评健康维度上受到教育水平偏低带来的负向影响；高等教育显著降低了一年内健康未变差的感知，显著增加了健康变差的可能性，并对精神健康产生明显的负向影响；义务教育阶段后是否继续学业对健康知识获得存在显著影响，表现为未上高中者的健康知识劣势。总体来看：初中—高中分流是总体健康自评水平提升与健康知识增长的重要分界线，表现为仅接受了基础教育在健康提升方面存在劣势；高中—大学分流则显示出高等教育对长期保持健康状态产生负向影响，这一影响在农业和非农户籍青年流动人口中均存在，并且这一阶段的分流对于农业户籍者的精神健康产生了负向影响，这一结果说明"高中—大学"的教育健康效应阈值门槛在青年流动人口中同样存在。

（三）代际差异

相关研究指出，自评健康和教育健康收益存在队列效应，表现为1962—1970年的"婴儿潮"队列受益于人口结构转型中的"人口红利"成为自评健康最佳队列，20世纪50年代之后的队列获得了教育的正向健康回报。[1]从青年流动人口角度来看，其内部也存在代际差异，因此需要将样本分解为"80后"和"90后"群体，并加入"70后"群体作为对比组，分析教育健康效应在不同队列之间是否存在差异。

表7-6是分队列的青年流动人口教育健康效应估计结果，总体来看，

---

[1] 孔国书，惠长虹，李路路. 中国居民自评一般健康的队列差异研究——兼论"人口红利"的健康效应[J]. 人口学刊，2021，43（06）：94—112.

教育对健康的影响在"80后"青年流动人口中更为明显,"90后"总体自评健康模型未通过整体检验。"80后"青年流动人口在总体健康自评、一年内健康未变差、健康变差和精神健康维度均受到教育程度的显著影响,表现为仅接受义务教育对总体自评健康的负向作用,以及高等教育带来的健康变差感知和精神健康水平的下降。"90后"青年流动人口的教育健康效应表现为,接受初中及以下和高等教育者在健康知识获得水平上均显著较低。对于"70后"流动人口而言,教育对健康的影响体现在健康知识维度,与高中教育程度相比,接受过高等教育的"70后"流动人口健康知识水平显著更高。

表7-6 分代际的流动人口教育健康效应估计结果

变量(参照组=高中)	总体自评	一年未变差	健康变坏	精神健康	健康知识
"70后"样本					
初中及以下	−0.1273	0.0752	−0.2110	0.3499+	−0.2608
	(0.2088)	(0.2118)	(0.2306)	(0.1993)	(0.1650)
大专及以上	−0.0423	−0.3548	0.0168	0.4923	0.5408*
	(0.3311)	(0.3209)	(0.3580)	(0.3080)	(0.2550)
"80后"样本					
初中及以下	−0.4372*	0.0704	0.3429+	0.0556	−0.2115+
	(0.1742)	(0.1760)	(0.1860)	(0.1427)	(0.1262)
大专及以上	−0.1895	−0.7008***	0.7551***	−0.3733*	−0.1019
	(0.2074)	(0.1870)	(0.2018)	(0.1667)	(0.1474)
"90后"样本					
初中及以下	−0.1343	−0.1113	−0.2620	−0.0429	−0.4899**
	(0.2817)	(0.2502)	(0.2865)	(0.2144)	(0.1784)
大专及以上	0.0618	−0.3520	0.6377+	−0.1158	−0.5446*
	(0.3631)	(0.3141)	(0.3292)	(0.2808)	(0.2337)

注:+ $p<0.10$,* $p<0.05$,** $p<0.01$,*** $p<0.001$

三、稳健性检验

进一步对模型结果进行稳健性检验,将受教育程度替换为受教育年限,分别对全样本、分性别样本、分户籍样本、分出生代际样本进行OLS回归，回归结果如表7-7所示。回归结果显示：教育年限的提高降低了一年内健康没有变差的可能性和精神健康水平，增加了健康变差的感知。子样本回归结果总体上与前述结果保持一致，男性受教育年限的提高显著提升了健康变坏的可能性，随着受教育年限的增加，女性一年内健康未变差的感知显著降低；非农户籍青年流动人口因教育年限提高而显著地感觉到健康变差，出现健康变差评价的可能性也显著提高，并且在精神健康维度出现负向效应；在代际维度，"80后"群体在健康变差和精神健康方面受到教育年限提高带来的负向影响，"90后"群体的教育健康效应体现在健康变差方面。以上结果说明，青年流动人口内部存在教育健康效应，但受教育水平提高对不同健康指标的作用而存在差异，更高受教育程度青年流动人口的身体健康和精神健康损耗情况值得高度重视。

表7-7 受教育年限对青年流动人口健康的回归结果

变量（受教育年限）	总体自评	一年未变差	健康变坏	精神健康	健康知识
全部样本	0.0316	−0.0825***	0.0653*	−0.0435*	0.0207
	（0.0253）	（0.0243）	（0.0255）	（0.0212）	（0.0185）
男性样本	0.0203	−0.0524	0.0707*	−0.0419	0.0334
	（0.0358）	（0.0321）	（0.0336）	（0.0284）	（0.0245）
女性样本	0.0441	−0.1256***	0.0711+	−0.0502	−0.0001
	（0.0365）	（0.0378）	（0.0408）	（0.0325）	（0.0288）
非农户籍样本	0.1012	−0.1680*	0.1312+	−0.0058	0.0447
	（0.0662）	（0.0693）	（0.0738）	（0.0611）	（0.0578）
农业户籍样本	0.0274	−0.0727**	0.0658*	−0.0641**	0.0143
	（0.0282）	（0.0267）	（0.0279）	（0.0230）	（0.0197）
80后样本	0.0269	−0.1020***	0.0485	−0.0494*	0.0206
	（0.0291）	（0.0289）	（0.0297）	（0.0250）	（0.0221）
90后样本	0.0125	−0.0106	0.1260*	−0.0245	0.0158
	（0.0539）	（0.0479）	（0.0541）	（0.0424）	（0.0354）

注：+ $p<0.10$，* $p<0.05$，** $p<0.01$，*** $p<0.001$

接下来对因变量进行替换，将总体健康自评、一年未变差和健康变差变量全部转换为1—5分的定距变量，分别表示健康评价由差到好，构建多元回归模型，使回归系数可进行模型间的比较。回归结果如表7-8所示：总体上，教育健康效应仍然存在，表现为较低受教育水平对总体自评健康的负向作用；高等教育在全部样本以及各子样本中均表现出显著降低了健康评价水平，健康评价向"变差"滑落，即高等教育加剧了健康变差的感知，教育健康效应在大学阶段的阈值效应十分稳健。

表7-8 健康作为定距因变量的回归结果

变量（参照组=高中）	总体自评	一年未变差	健康未变坏
全部样本			
初中及以下	−0.1388***	−0.0177	0.0047
	(0.0360)	(0.0304)	(0.0409)
大专及以上	−0.0710	−0.1008**	−0.2767***
	(0.0433)	(0.0365)	(0.0492)
男性样本			
初中及以下	−0.1229**	0.0044	−0.0268
	(0.0474)	(0.0403)	(0.0546)
大专及以上	−0.0387	−0.0536	−0.3489***
	(0.0585)	(0.0498)	(0.0674)
女性样本			
初中及以下	−0.1598**	−0.0452	0.0604
	(0.0559)	(0.0466)	(0.0625)
大专及以上	−0.1145+	−0.1555**	−0.2004**
	(0.0649)	(0.0541)	(0.0726)
非农户籍样本			
初中及以下	−0.5111***	−0.0423	−0.1365
	(0.1535)	(0.1206)	(0.1755)
大专及以上	−0.1415	−0.0856	−0.3469**
	(0.1007)	(0.0791)	(0.1151)
农业户籍样本			
初中及以下	−0.1065**	−0.0046	0.0094
	(0.0374)	(0.0320)	(0.0426)
大专及以上	−0.0568	−0.0910*	−0.2790***
	(0.0485)	(0.0416)	(0.0553)

续表

变量（参照组=高中）	总体自评	一年未变差	健康未变坏
"80后"样本			
初中及以下	−0.1213**	−0.0319	−0.0293
	(0.0438)	(0.0360)	(0.0498)
大专及以上	−0.0875+	−0.1482***	−0.2854***
	(0.0512)	(0.0420)	(0.0582)
"90后"样本			
初中及以下	−0.1669**	0.0139	0.0815
	(0.0644)	(0.0578)	(0.0734)
大专及以上	−0.0211	0.0575	−0.2769**
	(0.0843)	(0.0756)	(0.0961)

注：*$p < 0.05$，**$p < 0.01$，***$p < 0.001$

第八章 流动人口工资户籍差异分析

本书第四章的分析内容指出,流动人口在不同工作部门之间出现了分流,其中户籍是影响流动人口工作单位获得的重要因素;第五章的分析说明流动人口的教育回报水平存在户籍差异。基于以上内容,本章将聚焦于流动人口内部的工资户籍差异,从流入地劳动力市场的角度来进一步理解流动人口的就业和收入状况,从工作部门、代际和地区三个维度进行流动人口工资户籍差异的分析。

本章讨论的问题如下:

1. 不同户籍流动人口之间的收入差异,在多大程度上可以归结为户籍"歧视"带来的?

2. 流动人口的工资户籍差异在不同部门间、代际间的表现如何?流动人口的工资户籍差异是否呈现出多维度的特征?

对于工资户籍歧视的判断,首先将使用Oaxaca工资分解法,通过分解结果中"不可被解释的部分"来评价户籍歧视的程度。在进一步分析流动人口工资户籍差异的表现时,将根据工作单位部门和代际特征对样本进行分组,对流动人口的工资收入影响因素进行分析,重点研究变量为户籍变量。

第一节 流动人口工资收入的户籍差异分解

在比较组与组之间的收入差异时,工资分解法是经常使用的一种方法。工资分解法的核心思想是建立在经济学工资"歧视"概念上的,希望从群体间的工资差异中提取出不可被解释的"歧视"部分。工资分解法的不断发展实质上是对模型系数的有偏估计进行"矫正"的过程。Oaxaca分解

第八章 流动人口工资户籍差异分析

法最初主要用于研究两个群体在平均工资方面的差别,随后逐步扩展到两个群体之间工资差异的研究。Oaxaca分解法的结果较为直观,将工资差异分解为可被解释的部分和不可被解释的"歧视部分",是最基本的工资分解法,因此受到广泛地运用。在本节中,将使用基于均值的Oaxaca-Blinder分解法,分组变量为流动类别,组1为非农户籍流动人口,组2为农业户籍流动人口。因变量为月收入对数,加入分解方程的变量包括受教育年限、男性、省际流动、年龄、中共党员、国有部门和父母亲受教育年限。工资分解结果比较的是在有正式工作单位的流动人口中,农业户籍流动人口对非农户籍流动人口的工资差距在多大程度上可以归结为"户籍歧视"。

表8-1给出了全部流动人口基于户籍分类的工资分解结果。Oaxaca分解结果说明,基于工资方程预测的结果,非农流动人口的收入对数均值为7.933,农业流动人口的收入对数均值为7.617,两者之差为0.315,在0.01水平上显著。基于户籍分组的平均收入之差可以被分解为可被解释的部分和无法被解释的部分,可被解释的部分通常看成特征差异,而不可被解释的部分通常被认为源自"歧视"。工资分解的结果表明,特征差异值为0.143,这表明非农和农业户籍流动人口工资户籍差异中的45.71%(0.144/0.315)可以被两组之间的特征差异所解释,而源自"户籍差异"的部分为54.29%(0.171/0.315)。分解结果说明在具有正式工作单位的流动人口中,农业户籍和非农户籍流动人口之间工资差距由超过一半仍然是不能被纳入分解方程的变量所解释的,两组流动人口之间由于户籍带来的工资差异是不可忽视的。

表8-1 流动人口收入差异的分解

(分组变量:组1=非农户口,组2=农业户口)

项目	月工资收入对数	特征差异	不可被解释部分
非农户籍流动	7.933		
农业户籍流动	7.617		
非农与农业	0.315	0.144	0.171
变量			

续表

项目	月工资收入对数	特征差异	不可被解释部分
受教育年限		0.192	−0.474
男性		−0.017	−0.405
省际流动		−0.040	0.034
年龄		0.027	0.012
中共党员		0.022	0.028
国有部门		−0.014	0.075
父亲受教育年限		−0.035	0.126
母亲受教育年限		0.008	0.513
样本量	1219		
非农流动	450		
农业流动	769		

接下来对流动人口进行进一步的分组，将流动人口按照当前所在的单位类型是国有部门还是市场化部门分成两组，对每一组分别进行Oaxaca分解，希望讨论的是对于进入正规劳动力市场的流动人口来说，在不同工作部门中面临的工资"户籍歧视"程度如何。表8-2给出了基于国有部门与市场化部门分类的工资分解结果。首先来看国有部门的工资分解结果，基于工资方程预测的结果，在国有部门工作的非农户籍流动人口的收入均值高于农业户籍流动人口，收入差异中可以由特征差异解释的部分占68.37%，不可解释的部分占31.83%。这说明在国有部门内部，流动人口面临着户籍工资歧视的现象。在市场化部门的分解结果中，预测得到的非农与农业流动人口户籍工资对数之差为0.254，其中可以被特征差异所解释的部分为18.3%，不可被解释的部分为72.25%，个人特征差异只能解释不到20%的工资户籍差异。这说明在市场化部门内部，流动人口面临较高程度的工资户籍歧视。与国有部门的结果相比，市场化部门的户籍工资歧视程度更高。

表8-2　分工作部门的流动人口工资分解结果

（分组变量：组1=非农户口，组2=农业户口）

项目	总差异	特征差异	百分比	不可被解释部分	百分比
国有部门					
非农户籍流动（N=192）	7.997				
农业户籍流动（N=97）	7.526				
非农与农业	0.471	0.322	68.37	0.150	31.83
市场化部门					
非农户籍流动（N=258）	7.884				
农业户籍流动（N=672）	7.631				
非农与农业	0.254	0.071	27.95	0.183	72.25

工资分解提供了工资差异的概要性分析，无法对其因果机制进行深入的讨论。对于以上工资分解的结果，有几点值得进一步讨论：在不进行工作部门分组时，流动人口的工资户籍歧视与个体特征对工资差异的解释约各占一半；在进行分工作单位部门分析时，国有部门和市场化部门均呈现出不同程度的户籍工资歧视，其中市场化部门内部的户籍工资歧视程度较高。但值得注意的是，一方面，Oaxaca分解中将不可被解释的部分归结于由于分组变量带来的歧视，但在实际情况中并不完全符合，可能混淆了其他未被纳入方程变量的影响，如流动人口的工资水平还有可能与其个人能力、社会资本等变量有关，但并没有在模型中进行一一控制；另一方面，在部门内部，流动人口所从事的职业可能有所不同，这也会进一步影响到流动人口的工资差异情况，由于数据所限，并未进行职业类别变量的控制。因此，关于流动人口内部工资不平等的比较还需要更为详尽的数据做进一步检验。

第二节　分工作部门的流动人口工资户籍差异

从本书已进行的分析来看，流动人口的职业获得受到其户籍类别的影响，非农户籍有助于流动人口进入更加稳定的部门；流动人口的教育回报呈现出正向选择的特征，并且非农户籍流动人口能够从教育程度的提高中收益更多。基于以上分析，本节将在劳动力市场分割的背景下考察不同工作部门内部流动人口的工资户籍差异情况。

图8-1显示了国有部门和市场化部门内部基于户籍分组的月工资收入均值状况。从各部门内部的角度来看，非农户籍组的月工资收入均值均高于农业户籍组。在国有部门内部，非农户籍流动人口组的月工资收入均值为4654.55元，高出农业户籍组1464.37元，这一差值相当于在国有部门就业的农业户籍流动人口收入均值的46%，也就是说国有部门内部非农户籍流动人口的收入均值是农业户籍流动人口的1.46倍；在市场化部门内部，非农户籍组与农业户籍组的月工资收入均值差为1939.57元，高于国有部门内部的工资差异幅度，这一差异占在市场化部门中就业的农业户籍流动人口收入均值的58%，说明市场化部门内部的工资户籍差异程度较高。

进一步对部门间进行比较的结果显示，市场化部门中农业户籍和非农户籍的月工资收入均值均高于国有部门内的同一分组，例如，市场化部门中的非农户籍流动人口与国有部门该组的月工资收入均值差为626.339元；农业户籍组的月工资均值部门之差为151.14元，低于非农户籍的均值差。这说明市场化部门总体的工资水平较高，农业户籍流动人口在不同部门之间的工资差异幅度较小，非农户籍流动人口反而有更大的部门工资差异。

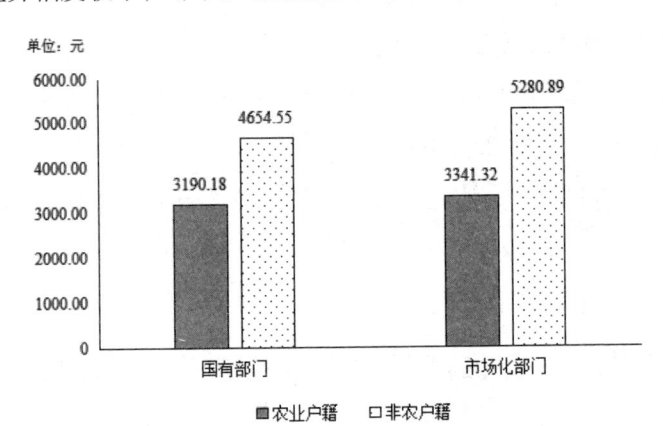

图8-1 分单位类型、户籍的流动人口月工资收入均值

第八章 流动人口工资户籍差异分析

在对分部门、户籍的流动人口收入均值进行描述性分析的基础上，进一步控制其他因素后再看各工作部门内部是否存在工资的户籍差异。表8-3给出了基于工作部门分组的流动人口收入影响因素稳健回归结果。首先关注户籍变量的结果，在其他变量不变的情况下，非农户籍变量在市场化部门模型中呈现出正向显著的作用，具体表现为相比在市场化部门中工作的农业户籍流动人口，同一部门内的非农户籍流动人口的月工资收入是其1.17倍（$e^{0.1609}$），这说明市场化部门内部有明显的工资户籍差异，非农户籍流动人口具有工资收入上的优势。在国有部门模型中非农户籍的作用并不显著，这说明在国有部门内部农业户籍流动人口和非农户籍流动人口的工资收入没有显著的差别。

从控制变量的角度来看，受教育年限在国有部门和市场化部门中均存在显著的正向作用，其回报水平分别为6.45%和6.66%，线性教育回报水平在市场化部门中略高，但两者的差值很小。男性、省际流动和工作经验变量仅在市场化部门模型中有显著的作用，其中男性的工资水平显著高于女性，其月工资为女性的1.43（$e^{0.3543}$）倍；省际流动者的月工资水平高出省内流动者0.15（$e^{0.1407}-1$）倍；工作经验属于人力资本的一部分，结果显示工作经验对于在市场化部门就业的流动人口具有倒"U"形的作用模式。

在流动人口的就业过程中，非农户籍背后可能还包含了教育优势、信息获取优势、观念更新速度快等机制，从而使这部分流动人口能够在市场化部门中获得较高的收入。工作经验与教育水平作为人力资本的重要组成部分，对流动人口收入的提升具有显著的意义，特别是在市场化部门中，提高自身的人力资本有助于收入水平的提升。

通过对部门间的工资户籍差异的讨论可以发现，流动人口在分流到不同的单位部门后，仍然会遭遇户籍障碍，特别是在市场化部门中工资的户籍歧视现象更为明显。结合第四章对流动人口职业进入的讨论，可以看出非农户籍流动人口更有可能进入相对稳定的国有部门，而国有部门内部的工资歧视程度较低，这对于能够克服户籍壁垒进入国有部门的农业户籍流动人口来说是一次较为优质的就业分流。相应地，农业户籍流动人口有较大的可能性进入到市场化部门，但在市场化部门内部存在着明显的工资户籍差异，这对农业户籍流动人口来说是一面制度性的壁垒。结合第五章中的流动人口教育回报研究结果，在市场化部门中工作的农业户籍流动人口存在着正向显著的线性教育回报，而教育对收入的效应在国有部门与农业模型中并不显著，这说明进入市场化部门的农业户籍流动人口能够通过教育程度的提升实现经济收益的增长，但他们仍面临着低于市场化部门中非农户籍流动人口的教育回报水平。这说明在进入劳动力市场后，农业户籍流动人口面临着多重制度性壁垒，其在劳动力市场中的结构位置相对弱势。

第三节 分代际的流动人口工资户籍差异

近年来，对于新生代流动人口的研究逐渐增多，主要的研究问题包括新生代农民工的市民化过程、社会融合程度、外出务工原因、居留意愿等。在第四章中，对流动人口工作回报期待的分析结果表明，流动人口的工作回报期待随着年龄的增大而更趋近于对于稳定收入的追求。本节所关注的是流动人口的工资户籍差异情况在代际间是否存在差别？因此，本节将对流动人口的收入影响因素进行代际间的比较，重点关注户籍要素在不同代际中的影响作用，以反映代际更替过程中流动人口内部的差异性表现。

首先来看分代际特征的流动人口的工资收入状况，图8-2给出了分代际和户籍的流动人口工资收入均值状况。从代际内部的角度来看，在老一代流动人口中，非农户籍流动人口的工资收入均值高于农业户籍流动人口，两者的差值为2098.81元，非农户籍流动人口的工资收入是农业户籍流动人口的1.77倍。在新生代流动人口内部，同样体现出非农户籍流动人口工资收入较高的特点，但户籍间工资收入均值的差异较老一代流动人口更小，工资的户籍差异为1480.75元，非农户籍流动人口的工资收入均值是农业户籍流动人口的1.5倍。从总体上看，不论是老一代流动人口内部还是新生代流动人口内部，都存在着非农户籍流动人口和工资收入高于农业户籍流动人口的现象，但两者之间的均值差异有所减小。

第八章　流动人口工资户籍差异分析

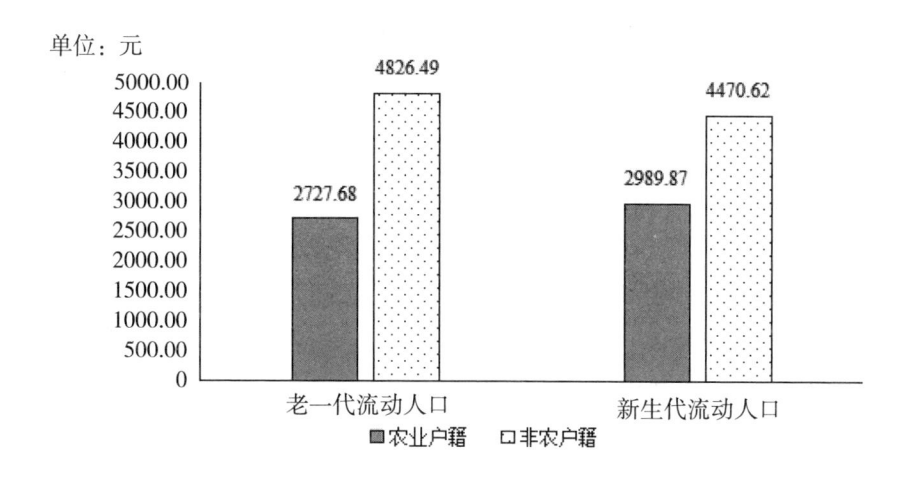

图8-2　分代际、户籍的流动人口月工资收入均值

各代际内部基于户籍的工资收入组均值比较并未控制其他要素对工资收入的影响，因此需要纳入相关控制变量，考察在控制了一些特征后，代际内部的工资户籍差异是否存在。表8-3得出了分代际的流动人口收入影响因素结果。从结果中可以发现，非农户籍在老一代流动人口中正向显著，但在新生代流动人口中不显著，随着代际的更替，工资户籍差异正在减小。

从研究变量的角度来看，非农户籍变量在老一代流动人口模型中正向显著，这说明在其他变量不变的情况下，相对老一代农业户籍流动人口而言，非农户籍流动人口的月工资收入对数要高出0.2124，转换成工资收入值来看则是非农户籍流动人口的月工资收入是农业户籍者的1.24（$e^{0.2124}$）倍。但户籍效应在新生代流动人口中经控制后并不显著，也就是说新生流动人口内部未出现显著的工资户籍差异。

从控制变量的角度来看，受教育年限在老一代和新生代流动人口中均表现为正向显著，线性教育回报率分别为5.51%和5.43%，老一代流动人口的教育回报略高于新生代流动人口，但两者差距很小。这说明无论是对老一代流动人口还是新生代流动人口而言，教育仍然是提高收入的有效途径。年龄变量在老一代流动人口模型中负向显著，但在新生代流动人口模型中正向显著，这可能与老一代流动人口年龄普遍较大，随着年龄的增长会出现身体健康状况下降、劳动能力减退等现象有关，从而影响到其劳动收入状况。而对于新生代流动人口来说，他们均处于青壮年时期，健康状况较好，且随着年龄的增长能够积累相应的工作经验，有助于提升劳动收入。结果显示男性相比女性有显著的收入优势，且这一作用在新生代和老一代流动人口中均存在，这可能与雇主偏好有关，例如男性体力较好能够进行更长时间的劳动，进而获得更高的收入。新生代流动人口的收入水平还受到了省际流动变量的正向影响，跨省流动者的月工资收入是省内流动者的1.15倍（$e^{0.1363}$）；工作经验变量呈现出倒"U"形的影响模式。老一代流动人口的月工资收入水平还受到了婚姻状况、单位类型和所在地区的影响。

表8-3 分代际的流动人口工资户籍差异稳健回归结果

变量	（1）老一代	（2）新生代
非农户籍	0.2124**	0.0874
	（0.0802）	（0.0780）
受教育年限	0.0551***	0.0543***
	（0.0105）	（0.0118）
年龄	−0.0193**	0.0448***
	（0.0061）	（0.0102）
男性	0.3000***	0.3243***
	（0.0627）	（0.0589）
省际流动	0.0829	0.1363*
	（0.0656）	（0.0626）
婚姻状况（0=未婚）		
在婚	−0.5120*	−0.0466
	（0.2166）	（0.0757）
离婚或丧偶	−0.6646**	0.2240
	（0.2561）	（0.2344）
中共党员	0.0623	0.0413
	（0.1258）	（0.1224）
工作单位（0=无正式单位）		
国有部门	7.7213***	0.0609
	（0.1006）	（0.1306）

续表

变量	（1）	（2）
市场化部门	7.9220***	0.1536
	（0.0748）	（0.1061）
工作经验	0.0062	0.1209***
	（0.0079）	（0.0210）
工作经验平方	−0.0001	−0.0063***
	（0.0002）	（0.0013）
父亲受教育年限	0.0027	−0.0251**
	（0.0088）	（0.0087）
母亲受教育年限	−0.0190*	0.0358***
	（0.0092）	（0.0080）
所在地区（0=东部）		
中部	−0.2108*	−0.1338
	（0.0814）	（0.0985）
西部	−0.2261*	0.0746
	（0.0991）	（0.1160）
常数项	0.7223*	5.2850***
	（0.3306）	（0.2801）
样本量	377	589

注：*$p < 0.05$，**$p < 0.01$，***$p < 0.001$

第九章 结论与讨论

本书通过勾画流动人口如何进入城市劳动力市场，以及劳动力市场表现这一过程，并通过内部比较的视角进行分析，将研究结果落实到流动人口实现高质量就业这一时代命题上。本书研究关注的是户籍和教育这两个变量对流动人口职业获得、收入水平、健康状况的影响作用，通过对流动人口内部的比较，讨论流动人口内部的差异性是否造成了新的壁垒，教育是否是流动人口实现收入提升、强化健康人力资本的有效途径。根据研究结果，就推进流动人口实现更高质量的就业和更深层次的社会融合展开进一步的思考与讨论。

第一节 主要结论

本书通过对CFPS2014、CLDS2014、CGSS2015、CMDS2014年和2015年数据的分析，讨论了户籍和教育对流动人口就业、收入和健康状况的影响机制，并结合劳动力市场分割理论进一步从部门差异的角度进行了分析。本书得出的主要结论有以下五点：

第一，户籍对流动人口的就业产生影响。非农户籍有助于流动人口进入正规单位工作和国有单位工作，这说明在职业获得过程中，非农户籍能够带来一定的职业进入优势。从流动人口内部比较的视角来看，在职业进入阶段，农业户籍流动人口面临着进入机会的不平等，这可以视为流动人口内部存在的一道壁垒，使农业户籍流动人口在职业进入上受到限制。

第二，受教育程度的提高有助于流动人口获得工作保障。签订劳动合同是劳动受到保障的重要依据之一，对流动人口是否签订劳动合同的模型

第九章　结论与讨论

结果显示，随着受教育程度的提高，流动者更有可能签订劳动合同，而户籍变量在模型中并不显著。这说明受教育程度的提高有助于流动人口在劳动力市场中获得制度性的保障，有助于流动人口维护自己的劳动权益。

第三，受教育程度的提高有助于流动人口获得更高的收入，但这种效应存在户籍差异。在全部流动人口中，线性教育回报正向显著，与农业户籍流动人口相比，非农户籍流动人口的线性教育回报率更高。从受教育阶段来看，对于农业户籍流动人口而言，多个阶段的教育均对收入提高有显著的作用，非农户籍流动人口主要受益于接受了高等教育；高等教育阶段，在控制了进入高等教育的选择性后该阶段的教育回报只对非农户籍流动人口正向显著，对农业户籍流动人口的效应消失。分位数回归的结果表明，不论是线性教育回报还是高等教育回报，都是在较高的分位点处回报率越高，这说明流动人口的教育回报存在着正向选择，即工资收入越好的人越能够从教育程度的提升中获得高收益，且这一效应在非农户籍流动人口中体现得更加明显。由此可以看出，流动人口的教育回报存在户籍差异，总体上非农户籍流动人口能够从教育投资中收益更多。

第四，受教育程度的提高有助于青年流动人口健康水平的提升，但这一作用存在"阈值效应"，表现为高等教育阶段对精神健康和维持健康状态的负向作用。本书研究表明，青年流动人口受教育程度由初中向高中提升能够促进正向健康自评，但高等教育加剧了健康随时间推移而变差的感知；女性、农业户籍、"80后"青年流动人口的健康状况更明显地受到受教育程度的影响。应当通过缩小城乡教育质量差距、加强多元化心理健康支持、提高流动人口社会融合水平等举措，提升青年流动人口的人力资本质量，促进青年流动人口全面发展。

第五，在对流动人口工资户籍差异进行分析后发现，全部流动人口内部的工资户籍差异能够被个人特征所解释的部分和不可被解释的部分约各占一半；对国有部门和市场化部门内部流动人口工资户籍差异的分解结果表明，市场化部门的工资户籍歧视程度高于国有部门。进一步对不同工作部门和队列的工资户籍差异进行分析发现，市场化部门内部和老一代流动人口内部存在着显著的工资户籍差异，表现为非农户籍流动人口在收入上占优。

从总体上看，流动人口内部的户籍差异对于其职业获得和教育回报产生了一定的影响，并且说明了流动人口内部也出现了分化现象。户籍可以看成制度性要素，对个体在成长过程、教育获得、信息获得等多个方面均会产生影响，而这一过程会进一步累积到职业获得、工资回报等多个人生节点事件中。综合本书的研究结果来看，农业户籍流动人口在劳动力市场上处于累积劣势地位，表现为因户籍导致的受教育机会的不平等、就业机会、职业进入的不平等，在流入地需要承受外地户籍与农业户籍的双重障碍。从流动人口内部来看，农业户籍流动人口和非农户籍流动人口在劳动力市场进入的过程中产生了明显的分化，这一分化现象是由社会结构因素长期积累所致的，相对于非农户籍流动人口而言，农业户籍流动人口仍处于劳动力市场的弱势地位。

进一步来看，流动人口的职业地位获得和社会地位获得的模式受到内部的"城乡之别"和在流入地的"内外之别"至少两重基于户籍的障碍，而由户籍带来的教育机会和教育质量不平等更近一步加深了流动人口在劳动力市场中的弱势地位。结合相关研究对农民工群体称谓历史演变的讨论，如"盲流""打工仔""农民工"等称谓中包含有一定的歧视性含义，这并不利于流动人口在流入地城市的融入，反而可能会加深流入地当地居民对流动人口的排斥感，无形中增加了这两类群体的社会距离，这同样说明流动人口在城市居住工作时实际上是处于权利的缺位状态的，各方面的权益难以得到保障，这也是流动人口在流入地所面临的困难之一。

本书通过对流动人口内部的户籍比较，对一直以来被忽视但是增长迅速的城城流动人口群体加以关注并进行了一系列对比分析。根据人口迁移的发展阶段理论，在未来城城流动群体越发值得被关注。城城流动群体所对应的即为本书中所定义的非农户籍流动人口，他们本身拥有城市户籍，但流动到其他城市进行就业，并且与流动到城市中的农业户籍流动人口，也就是乡城流动人口存在着较大的差异性。根据已有的数据资料分析，城城流动的比例和规模正在上升，这类群体将成为未来进行研究的重要对象

第九章 结论与讨论

之一。[①]拥有非农户籍并流动到城市的这部分流动人口通常受教育程度较高、从事职业较为高端,能够更快地融入流入地城市,并且居留意愿较强。未来这类流动人口群体对流入地经济发展的作用将更加凸显,也是人才争夺的首要目标。从流入地发展的角度来看,城城流动人口在职业、收入上的优势让他们也成为流入地城市强有力的消费者,使自身的经济和融合程度更高,进一步促进流入地城市的经济发展。

个体的职业获得对于其社会地位获得具有重要意义,流动人口在向城市聚集的过程中已经完成了由农业职业向非农职业的转变,将自己融入城市职业体系。流动人口内部的职业分化现象在很大程度上受到了户籍要素的影响,是一种结构化的分割。与以往针对乡城流动人口的研究相比,本书的研究结果发现流动人口群体出现了"不平等的内延"现象,即内部的户籍差异导致的结构性分化现象。

本书的研究结果表明,流动人口内部出现了一定程度的分化,凸显了流动人口内部的异质性。城乡二元分割一方面造成了制度性身份的差异;另一方面也造成了流动人口在个人禀赋上产生了基于户籍的累积性差异,如本书所关注的教育水平。教育回报率作为竞争性劳动力市场的产物,其作用仍受到制度性力量的扭曲,使农业户籍和非农户籍流动人口之间产生了教育回报的差异。这种差异可以归因于农业户籍流动人口在教育机会、教育质量上的累积性劣势。另外,劳动力市场中的雇佣歧视使得农业户籍流动人口面临着进入更高层级劳动力市场的壁垒。

本书的贡献和创新之处主要在于以下几点:第一,以往研究多关注的是流动人口与本地人口之间的差异分析,对流动人口的分析以农民工群体居多。本书从新时期流动人口内部差异性凸显的背景入手,注重对流动人口内部异质性的讨论。在已有研究的基础上从流动人口内部差异的角度进行分析,主要关注的是流动人口内部的户籍差异及其后果。进一步将对流动人口的分析细化至乡城流动和城城流动的比较,提供了来自流动人口内

[①] 马小红,段成荣,郭静. 四类流动人口的比较研究 [J]. 中国人口科学,2014 (05):36—46,126—127.

部比较的视角。第二，本书研究在对流动人口的职业分析中加入了对工作回报期待的讨论，结合生命历程理论，注意到流动人口本身的特征可能会影响其工作目标的设定。基于新古典经济学的人口理论观点，个体流动的根本原因在于获得为正的经济回报，是出于经济利益最大化做出的流动选择。而对工作回报期待的分析说明个体可能因处在不同的生命历程阶段，故对于工作回报期待的追求会有所不同，如越年轻的流动人口越有可能选择个人发展作为流动后的首要工作期待，这对今后进一步分析流动人口的就业选择具有启发意义。第三，本书研究关注到流动人口内部的教育分化现象，并专门对流动人口分层级的高等教育回报、教育健康回报水平进行了分析，扩展了流动人口人力资本研究的内容。

第二节　进一步讨论

对于中国社会转型的研究开始于20世纪80年代末至90年代初，集中于讨论由再分配体制向市场经济体制的转变过程中收入不平等的影响因素。其中较受关注的是政治资本回报、人力资本回报以及后来加入的社会资本对求职和收入的影响。劳动力市场转型和劳动力自由流动是转型时期的突出表现。以市场转型理论开端的对中国社会分层的研究，主要研究的是劳动者如何获得当前的社会经济地位及以何种方式实现社会流动。

在劳动力市场中，随着时间的推移，流动人口成为其中不可或缺的一部分，此时运用市场转型研究的思路来研究流动人口并不完全合适。其中有的部分可以被借鉴，例如，对各项资本回报的解释、对制度壁垒的研究等。市场转型的落脚点在于个体的社会经济地位获得，精英的生产与再生产路径。但对于流动人口群体来说，这一过程具有一定的特殊性，因为并不是所有流动人口进行流动的目的都在于获得社会地位上升的路径。劳动力自由流动的开放给了每个个体是否外出的选择，从个体的角度来说，流动人口外出务工的目的很大程度在于提高收入，但也有一部分群体可能是增长见识、实现自己的兴趣等。根据流动人口外出的动因以及工作期待，

第九章 结论与讨论

其与流入地的联系也有紧有疏,部分流动人口可能具有较强的居留意愿和户口迁移意愿,另外一部分流动人口则可能并没有长期居留在城市的意愿,而是与乡土的联系更加紧密。因此,根据流动人口自我职业选择、发展目标的不同,对于流动人口在城市就业与收入的研究,需要注意到流动人口内部的异质性。结合关于在城市落户的新政策来看,可能会进一步造成流动人口内部的分流,一部分个人能力较突出、居留意愿较强的流动人口可能会成为城市新市民,这为制度壁垒以及后果的研究提供了新的分析内容。

农业户籍流动人口在城市劳动力市场中受到双重制度壁垒,一道来自非本地户籍的障碍,另一道则来自流动人口内部户籍差异导致的农业户籍的障碍。近年来,对于我国教育获得的研究指出,家庭出身影响到个体接受教育的质量,特别是在高等教育阶段会产生分流,家庭出身较好的个体更有可能接受更为优质的教育,而处于弱势阶层的个体仍然遭遇着教育机会和教育质量的不平等。[1][2]农业户籍劳动者虽然能够通过教育程度的提升化解一部分的就业隔离现象,但由于累积劣势的存在,无法完全获得突破。另外,即使在受教育程度上获得提高,但是教育质量的差异同样影响了农业户籍流动人口的就业和收入。在全体居民受教育程度提高的背景下,应加快城乡教育资源的均衡配置,缩小城乡教育不平等。同时,相关研究显示,职业培训对农业户籍流动人口收入的提高有帮助[3],这说明在农业户籍流动人口中推行职业培训是一种行之有效的提升其人力资本的方法,并且能够与其所从事的职业相联系,具有较强的针对性,能够使其更好地进入城市劳动力市场。农业户籍流动人口将从教育程度的提高中获得更多的收益,也有助于他们实现更高质量的社会融合。

流动人口是流入地劳动力市场中不可或缺的组成部分,在实现跨地域

---

[1] 王伟宜.优质高等教育资源获得的阶层差异状况分析:1982—2010——基于我国7所重点大学的实证调查[J].教育研究,2013,34(07):61—67.
[2] 方长春,风笑天.社会出身与教育获得——基于CGSS70个年龄组数据的历史考察[J].社会学研究,2018,33(02):140—163,245.
[3] 阳玉香.自选择、政府培训与流动人口收入提高[J].教育与经济,2017(04):42—48.

流动的同时也伴随着人力资本的流动，对于流入地经济发展做出了重要贡献。同时，在城市就业的流动人口也成为职业序列里的重要一环，从社会分层与流动的角度来看，职业获得与收入水平和个体的社会地位获得关系密切，在流动人口内部出现分化的现状下，户籍要素在分化过程中起到了重要作用。从较长一段时间的发展过程来看，这一分化的长期结果是流动人口内部出现了社会阶层的分化，在其群体内部出现了结构化的特征。这与以往人们认知中流动人口都是"农民工"、多从事重体力劳动的印象不同，流动人口群体正在向职业结构的各个层级扩散。

教育是人力资本的重要组成部分，对于流动人口的职业获得、工作稳定以及收入提升具有积极作用，由于本书分析的流动人口群体已经完成了正规学校教育，被访者在未来会改变教育程度的可能性并不大，因此教育回报研究的意义对于未来潜在的流动人口具有较强的现实意义。本书在第五章中指出，在存在着阶段入学机会城乡不平等的背景下，农村户籍流动人口能够受益于专科外每一个受教育阶段的提升。不可否认农业户籍居民在各教育阶段均累积了相对非农户籍人口的弱势，但对仍在进行学业的农村户籍青少年来说，接受完整的义务教育，甚至更高层级的教育对其未来的发展具有重要意义，因此这对于进一步缩小城乡之间的教育机会、教育资源以及教育质量提出了要求。对于已经进入劳动力市场中的农业户籍流动人口而言，仍可以通过接受职业培训来提升收入。教育仍然是流动人口实现向上社会流动的重要途径。

从劳动力市场结构性需求的角度来看，随着当前产业升级以及互联网、信息技术、高端制造、人工智能等新产业的兴起，对技术工人特别是高级技术工人的需求量增大，新技术的应用使部分新兴岗位对相关技术掌握程度有一定的要求，岗位需求从体力型向技能型转换，这反映了劳动力市场越来越重视人力资本的作用，这也是劳动力市场根据宏观经济发展做出的相应变化。随着经济结构的不断升级，当流动人口面临新的就业形势时，教育的重要性将再次凸显。

在本书研究中，户籍一直作为一项制度性要素出现在各章的分析中。在本书第六章中，针对不同队列流动人口的收入影响因素分析显示，在新

第九章 结论与讨论

生代流动人口中户籍对收入的作用并不显著,那么是否随着时期的推移,制度性的壁垒正在松动呢?以往针对流动人口和城镇本地户籍人口的研究指出,流动人口遭遇的职业隔离主要体现在户籍和人力资本水平上,其后果表现为农民工与城镇职工之间的收入不平等或者"收入歧视",农民工在城镇劳动力市场中处于劣势地位。[1][2][3]自2018年起,多地相继出台了针对高校毕业生的优惠落户政策,比如:南京市的规定为研究生以上学历及40岁以下的本科学历人才,凭毕业证书办理落户手续;技术、技能型人才,凭高级工及以上职业资格证书办理落户手续。西安市的规定为全日制普通高等院校、中等职业学校(含技校)毕业,或具备国民教育同等学历的人员及留学回国人员可以凭借学历落户,并且对硕士研究生以上学历的无年龄限制。这说明一部分大学生将在完成高等教育后转变为当地户籍人口,而不用经历成为流动人口,逐渐满足落户的各项条件后才能实现身份转变为本地居民。这说明在新时期高等教育有助于个体跨越户籍的制度壁垒,进一步凸显了高人力资本突破结构性壁垒的作用。

综合本书分析和讨论的内容,可以看出流动人口内部已经出现了分化现象。流动人口内部的分化一方面说明他们受到来自原生家庭、原生成长环境的影响,特别是制度性的户籍因素,对流动人口的教育获得、职业获得、收入回报等都产生了影响;另一方面说明流动人口出现了社会阶层的分化,其内部异质性凸显。流动人口群体内部的分化现象与社会结构紧密关联,其职业获得、劳动力市场回报、社会地位获得和社会流动都受到来自户籍这一制度性因素的影响,实际上是制度性壁垒在群体内部的延续。

本书分析的意义之一,是处于劳动力市场弱势地位的流动人口,特别是农业户籍流动人口如何突破结构性壁垒,切实提高自己外出务工的收益和价值。教育作为经典的向上社会流动的重要机制,在流动人口就业、

---

[1] 赵海涛. 流动人口与城镇居民的工资差异——基于职业隔离的角度分析[J]. 世界经济文汇, 2015(02): 91—108.
[2] 刘玮玮. 职业隔离与教育投资的互动效应 对我国城镇劳动力市场城乡歧视的分析[J]. 教育与经济, 2015(05): 62—68.
[3] 何泱泱, 刘国恩, 徐程. 中国职业隔离与性别工资差异的变化趋势研究[J]. 经济科学, 2016(04): 78—89.

流动人口融入流入地劳动力市场、流入地社会生活的过程中具有重要的意义。但流动人口内部存在着因城乡制度性分割造成的教育不平等，而这种由制度而生的不平等一直延续到了流动人口就业、收入、甚至社会融合的过程中。

根据流动人口内部的差异性，应有针对性地提出促进流动人口在流入地相关规定和政策，让有居留意愿的流动人口能够更加顺利地实现身份转变成为城市的新市民，进一步凸显这一群体的经济贡献，同时城市应为他们提供更加完善的社会公共服务支持，实现经济产出和社会回报的双向互动，进一步疏解流动人口所面临的制度障碍，从多个角度促进流动人口与流入地城市的融合。

第三节　未来研究展望

在本书的写作过程中仍存在以下一些不足之处：

第一，随着新型城镇化的推进，市内由县到市的流动可能会进一步增多，这类市内跨县流动者也经历了地理距离和职业类别上的流动，也是不可忽视的一部分。在本书研究中，未将市内跨县流动人口纳入分析范围，未来可考虑将其作为一个类别纳入分析，与省内跨市、省际流动者进行比较，并更加详细地讨论流动范围和流动人口就业选择之间的关系。

第二，在研究方法的选择上，在倾向值分析阶段，对流动人口接受下一阶段教育的选择性方程的设定可能存在遗留重要变量。由于数据所限，例如：关于流动人口家庭结构、流出地地区发展条件等未能进入倾向得分估算方程，可能存在重要变量遗漏的现象；并且倾向值估计对样本量的要求较高，过低的样本量会造成结果的偏误。

在已有研究的基础上，提出以下未来研究可以继续改进和丰富的内容：

第一，随着经济体制改革的不断推进，流动人口的职业获得和教育回报可能会呈现出不同的时期效应，未来可使用多轮数据对时期效应进行分析。

第二，当前的分析将专科及以上教育水平进行了合并，未体现出高等

第九章　结论与讨论

教育内部分化带来的影响及其户籍差异。已有研究指出，教育质量影响了农村户籍流动人口的收入，并且对教育回报率存在影响，即更好的教育质量能够提升教育回报率。[①]在未来研究中可以加入对教育质量的分析，例如，可以进一步比较职业培训与正规教育、专科教育与本科教育对不同户籍流动人口的回报，进一步细化教育的作用机制。

第三，结合时期背景来看，高等教育的扩招是否给流动人口带来了更多的通过教育提升收入的机会？还是将高等教育的优势进一步累积到城市户籍人口中？可以进一步结合高等教育扩招前后城乡高等教育入学机会不平等的变化进行分析。

第四，能够在城市中工作和生活较长时间的流动人口是经过高度正向选择的个体，今后可以对这一群体的流动模式、职业获得，甚至是职业史进行分析。特别是在大城市中，这类人群广泛存在，可以将这些城市作为具有特殊性的案例进行专门研究。结合当前越来越多城市放宽落户政策、出台针对高等教育群体的优惠政策的背景，说明随着时代的发展，受教育程度的提高有助于流动人口打破户籍制度的壁垒，可以直接完成户口的转变。可以将政策实施作为一种干预实验，考察政策实施之前流动人口和政策实施之后获得户口转变的迁移人口的就业和收入状况，进一步进行政策效应的评估，其分析结果具有较强的现实意义。

第五，青年群体是国家经济社会发展的生力军和中坚力量，也是实现高质量城镇化的关键群体。《中长期青年发展规划（2016—2025年）》从十个领域提出明确的发展措施，全方位提高青年发展质量。2022年6月，17部门联合印发《关于开展青年发展型城市建设试点的意见》，指出在青年发展型城市建设过程中，吸引和留下更多青年参与推动城市经济社会发展，成为实现和巩固新型城镇化高质量发展的关键力量。广大青年流动人口在稳就业、安居、家庭发展、健康保障、自我发展等方面具有迫切的诉求，大学生就业、普惠托育、基本公共服务向常住人口全覆盖等是青年群体最为关注、最期待解决的问题。青年流动人口向"新市民"身份的转

[①] 詹鹏. 教育质量与农村外出劳动力的教育回报率[J]. 中国农村经济，2014（10）：21—34.

变，是新型城镇化进程中青年发展的重中之重。因此，未来可以将青年流动人口作为重要研究对象，从青年流动人口需求角度出发，将青年就业、住房、家庭发展、社会融合这四大关键发展需求与推进新型城镇化进行深度融合，梳理需要政策支持的重点方向，对高质量推进新型城镇化更好地服务青年流动人口发展、青年流动人口发展促进提升新型城镇化质量的双向联动机制提出对策建议。

参考文献

[1]周皓.中国人口流动模式的稳定性及启示——基于第七次全国人口普查公报数据的思考[J].中国人口科学,2021(03):28—41,126—127.

[2]刘欣.市场转型与社会分层:理论争辩的焦点和有待研究的问题[J].中国社会科学,2003(05):102—110.

[3]曾迪洋.国家还是市场:城镇化进程中流动人口的市场转型偏好[J].社会,2016,36(05):131—154.

[4]辜胜阻.中国两类人口迁移比较研究[J].中国人口科学,1991(04):16—21.

[5]王放."五普"至"六普"期间中国城镇人口的增长构成[J].人口与发展,2014,20(05):16—24.

[6]段成荣,杨舸,张斐,等.改革开放以来我国流动人口变动的九大趋势[J].人口研究,2008(06):30—43.

[7]乔晓春,黄衍华.中国跨省流动人口状况——基于"六普"数据的分析[J].人口与发展,2013,19(01):13—28.

[8]苗红娜.国家治理、市场理性与公民权利:"农民工"称谓变迁的内在逻辑[J].河南大学学报(社会科学版),2017,57(06):8—14.

[9]汪勇."农民工"称谓的历史演变及其启示[J].南京社会科学,2007(11):89—93.

[10]邹湘江,吴丹.我国流动人口减少了吗?——基于2015年1%人口抽样调查数据的分析[J].江西社会科学,2017,37(05):233—242.

[11]穆光宗.改革开放以来中国人口迁移的特点和趋势[J].人口学刊,1994(03):33—37.

[12]李树茁.中国80年代的区域经济发展和人口迁移研究[J].人

口与经济，1994（03）：3—8，16.

［13］顾朝林，蔡建明，张伟，等. 中国大中城市流动人口迁移规律研究［J］. 地理学报，1999（03）：14—22.

［14］李玲. 改革开放以来中国国内人口迁移及其研究［J］. 地理研究，2001（04）：453—462.

［15］郝福庆，陈磊，龚桢梽. 统筹解决我国流动人口问题的路径选择及对策建议［J］. 人口研究，2013，37（01）：104—112.

［16］周皓. 中国人口迁移的家庭化趋势及影响因素分析［J］. 人口研究，2004（06）：60—69.

［17］段成荣，孙玉晶. 我国流动人口统计口径的历史变动［J］. 人口研究，2006（04）：70—76.

［18］朱明芬. 农民工家庭人口迁移模式及影响因素分析［J］. 中国农村经济，2009（02）：67—76，93.

［19］侯佳伟. 人口流动家庭化过程和个体影响因素研究［J］. 人口研究，2009，33（01）：55—61.

［20］陈卫，刘金菊. 人口流动家庭化及其影响因素——以北京市为例［J］. 人口学刊，2012（06）：3—8.

［21］国家人口和计划生育委员会流动人口服务管理司. 中国流动人口发展报告2012［M］. 北京：中国人口出版社，2012.

［22］余运江，高向东. 中国流动人口空间分布格局与集聚状况研究——基于地级区域的视角［J］. 南方人口，2016，31（05）：57—69.

［23］窦旺胜，秦波，郝美竹，等. 中国青年流动人口城市选择的空间特征及影响因素［J］. 地理研究，2023，42（05）：1234—1247.

［24］朱宇，林李月，柯文前. 国内人口迁移流动的演变趋势：国际经验及其对中国的启示［J］. 人口研究，2016，40（05）：50—60.

［25］朱宇，林李月，柯文前，等. 中国人口流动变迁及其对城市更新策略的启示［J］. 人口与经济，2023（04）：41—55.

［26］于涛方. 中国城市人口流动增长的空间类型及影响因素［J］. 中国人口科学，2012（04）：47—58，111—112.

［27］林李月，朱宇，柯文前．城镇化中后期中国人口迁移流动形式的转变及政策应对［J］．地理科学进展，2020，39（12）：2054—2067．

［28］余向华，陈雪娟．中国劳动力市场的户籍分割效应及其变迁——工资差异与机会差异双重视角下的实证研究［J］．经济研究，2012，47（12）：97—110．

［29］刘传江，程建林．双重"户籍墙"对农民工市民化的影响［J］．经济学家，2009（10）：66—72．

［30］周世军，周勤．户籍制度、非农就业"双重门槛"与城乡户籍工资不平等——基于CHNS微观数据的实证研究［J］．金融研究，2012（09）：101—114．

［31］杨菊华，王毅杰，王刘飞，等．流动人口社会融合："双重户籍墙"情景下何以可为？［J］．人口与发展，2014，20（03）：2—17，64．

［32］符平，唐有财，江立华．农民工的职业分割与向上流动［J］．中国人口科学，2012（06）：75—82，112．

［33］马小红，段成荣，郭静．四类流动人口的比较研究［J］．中国人口科学，2014（05）：36—46，126—127．

［34］郑真真．中国流动人口变迁及政策启示［J］．中国人口科学，2013（01）：36—45，126—127．

［35］郭熙保，黄灿．刘易斯模型、劳动力异质性与我国农村劳动力选择性转移［J］．河南社会科学，2010，18（02）：64—68，218．

［36］蔡建明，王国霞，杨振山．我国人口迁移趋势及空间格局演变［J］．人口研究，2007（05）：9—19．

［37］胡金华，陈丽华，应瑞瑶．农村劳动力迁移的影响因素分析——基于社会网络的视角［J］．农业技术经济，2010（08）：73—79．

［38］刘涛，齐元静，曹广忠．中国流动人口空间格局演变机制及城镇化效应——基于2000和2010年人口普查分县数据的分析［J］．地理学报，2015，70（04）：567—581．

［39］农村劳动力外出就业决策的多因素分析模型［J］．社会学研究，1997（01）：27—34．

［40］唐家龙，马忠东.中国人口迁移的选择性：基于五普数据的分析［J］.人口研究，2007（05）：42—51.

［41］孟向京，姜凯迪.城镇化和乡城转移对未来中国城乡人口年龄结构的影响［J］.人口研究，2018，42（02）：39—53.

［42］王志刚.耕地、收入和教育对农村劳动力转移的影响［J］.农业技术经济，2003（05）：10—13.

［43］柳建平.影响贫困地区农村劳动力流动决策因素的特征分析［J］.人口与经济，2010（05）：8—14.

［44］谢童伟，张锦华，吴方卫.教育与人口迁移相互影响的实证分析——基于2004—2008年31个省的面板数据［J］.上海财经大学学报，2011，13（02）：70—76.

［45］牛建林.改革开放以来乡城劳动力流动对农村居民教育的选择性及其变迁［J］.劳动经济研究，2014，2（04）：121—140.

［46］黄斌，徐彩群，高蒙蒙.教育是促进农村劳动力外出就业还是本地就业［J］.农业技术经济，2014（08）：37—43.

［47］齐亚强，牛建林，威廉·梅森，等.我国人口流动中的健康选择机制研究［J］.人口研究，2012，36（01）：102—112.

［48］郭燕枝，王秀丽，程广燕，等.户主和家庭成员外出务工行为研究——基于河南、四川粮食主产县与非主产县的实证［J］.农业技术经济，2015（09）：99—106.

［49］牛建林.人口流动对中国城乡居民健康差异的影响［J］.中国社会科学，2013（02）：46—63，205.

［50］潘静，陈广汉.家庭决策、社会互动与劳动力流动［J］.经济评论，2014（03）：40—50，99.

［51］周皓.中国人口迁移的家庭化趋势及影响因素分析［J］.人口研究，2004（06）：60—69.

［52］周皓.流出人口与农村家庭户特征——基于流出地的分析［J］.市场与人口分析，2007（02）：16—25.

［53］柳建平.影响贫困地区农村劳动力流动决策因素的特征分析［J］.

续表

人口与经济，2010（05）：8—14.

［54］苏志霞，杨忠敏．京津周围地区农村劳动力外出就业实证研究［J］．人口与经济，2004（06）：47—51.

［55］陈阿江．农村劳动力外出就业与形成中的农村劳动力市场［J］．社会学研究，1997（01）：35—43.

［56］张广胜，周娟．农民外出务工影响因素的实证研究——基于沈阳村级层面的调查［J］．农业经济问题，2009（03）：37—42，110.

［57］巫锡炜，郭静，段成荣．地区发展、经济机会、收入回报与省际人口流动［J］．南方人口，2013，28（06）：54—61，78.

［58］刘生龙．中国跨省人口迁移的影响因素分析［J］．数量经济技术经济研究，2014，31（04）：83—98.

［59］李拓，李斌．中国跨地区人口流动的影响因素——基于286个城市面板数据的空间计量检验［J］．中国人口科学，2015（02）：73—83，127.

［60］俞林伟，韩辰，金杰克，等．生计资本对农民工居留和落户意愿的影响——基于2017年全国流动人口动态监测调查数据的分析［J］．浙江社会科学，2023（02）：64—73，157.

［61］段平忠．人力资本流动对地区经济增长差距的影响［J］．中国人口·资源与环境，2007（04）：87—91.

［62］吴瑞君，曾明星．人口迁移流动对城乡社会发展的影响［J］．人民论坛，2013（11）：10—12.

［63］杨胜利，高向东．外来从业人口对流入地经济发展的影响研究——以上海市为例［J］．经济体制改革，2012（06）：66—69.

［64］郭文杰．国外学者关于二元经济理论的研究综述［J］．广东商学院学报，2007（06）：4—10.

［65］林友苏．人口迁移理论简介［J］．人口研究，1987（02）：55—58.

［66］蔡昉．中国经济面临的转折及其对发展和改革的挑战［J］．中国社会科学，2007（03）：4—12，203.

［67］李晓澜，宋继清．二元经济理论模型评述［J］．山西财经大学学报，2004（01）：14—19.

[68] 陆升军. 从刘—拉—费模型看"三农"问题之求解 [J]. 改革与战略, 2005 (03): 92—94.

[69] 约翰·奈特, 邓曲恒, 李实, 等. 中国的民工荒与农村剩余劳动力 [J]. 管理世界, 2011 (11): 12—27, 187.

[70] 李朝晖, 李安. 农业剩余劳动力流动的刘易斯模型验证综述 [J]. 人口与经济, 2011 (06): 62—67, 72.

[71] 徐刘芬. 新时期我国农村剩余劳动力转移的新特点研究——基于刘易斯模型局限性修正视角的分析 [J]. 农业经济与管理, 2013 (01): 24—28, 41.

[72] 伍山林. 刘易斯模型适用性考察 [J]. 财经研究, 2008 (08): 4—16.

[73] 包小忠. 刘易斯模型与"民工荒" [J]. 经济学家, 2005 (04): 55—60.

[74] 叶普万, 周明. 农民工贫困: 一个基于托达罗模型的分析框架 [J]. 管理世界, 2008 (09): 174—176.

[75] 卢向虎. 托达罗模型中城市就业概率的修正 [J]. 统计与决策, 2005 (21): 23.

[76] 章铮. 从托达罗模型到年龄结构——生命周期模型 [J]. 中国农村经济, 2009 (05): 43—51.

[77] 周天勇. 托达罗模型的缺陷及其相反的政策含义——中国剩余劳动力转移和就业容量扩张的思路 [J]. 经济研究, 2001 (03): 75—82.

[78] 苗瑞卿, 戎建, 郑淑华. 农村劳动力转移的速度与数量影响因素分析 [J]. 中国农村观察, 2004 (02): 39—45, 81.

[79] 周天勇, 胡锋. 托达罗人口流动模型的反思和改进 [J]. 中国人口科学, 2007 (01): 18—26, 95.

[80] 赵武, 蔡宏波. 我国农村劳动力流动现状研究——关于托达罗人口流动模型的理论修正 [J]. 郑州航空工业管理学院学报（社会科学版), 2007 (02): 165—168.

[81] 杨文选, 张晓艳. 国外农村劳动力迁移理论的演变与发展 [J]. 经

济问题，2007（06）：18—21.

［82］朱杰. 人口迁移理论综述及研究进展［J］. 江苏城市规划，2008（07）：83—85.

［83］王文忠，沈思. 基于六普数据的年龄—迁移率模型研究［J］. 中央民族大学学报（自然科学版），2014，23（04）：72—75.

［84］严善平. 地区间人口流动的年龄模型及选择性［J］. 中国人口科学，2004（03）：32—41，81—82.

［85］张晓青. 国际人口迁移理论述评［J］. 人口学刊，2001（03）：41—45.

［86］吴愈晓. 劳动力市场分割、职业流动与城市劳动者经济地位获得的二元路径模式［J］. 中国社会科学，2011（01）：119—137，222—223.

［87］马侠. 人口迁移的理论和模式［J］. 人口与经济，1992（03）：38—46.

［88］盛来运. 国外劳动力迁移理论的发展［J］. 统计研究，2005（08）：72—73.

［89］肖文韬. 劳动力市场分割理论综述及缔约视角的思考［J］. 人口与经济，2006（06）：41—46.

［90］李萌. 劳动力市场分割下乡城流动人口的就业分布与收入的实证分析——以武汉市为例［J］. 人口研究，2004（06）：70—75.

［91］武中哲. 双重二元分割：单位制变革中的城市劳动力市场［J］. 社会科学，2007（04）：47—57.

［92］齐亚强，梁童心. 地区差异还是行业差异？——双重劳动力市场分割与收入不平等［J］. 社会学研究，2016，31（01）：168—190，245—246.

［93］李路路，朱斌，王煜. 市场转型、劳动力市场分割与工作组织流动［J］. 中国社会科学，2016（09）：126—145，208.

［94］吴奇峰，苏群. 行业垄断如何影响代际职业流动［J］. 山西财经大学学报，2017，39（10）：72—84.

［95］émurgerS，FournierM，李实，等. 中国经济转型中城镇劳动力市场分割问题——不同部门职工工资收入差距的分析［J］. 管理世界，

2009（03）：55—62，71.

［96］陈钊，万广华，陆铭. 行业间不平等：日益重要的城镇收入差距成因——基于回归方程的分解［J］. 中国社会科学，2010（03）：65—76，221.

［97］王天夫，崔晓雄. 行业是如何影响收入的——基于多层线性模型的分析［J］. 中国社会科学，2010（05）：165—180，223.

［98］姚先国，谢嗣胜. 西方劳动力市场歧视理论综述［J］. 中国海洋大学学报（社会科学版），2004（06）：164—173.

［99］魏东霞，谌新民. 企业用工双轨制与劳动力市场歧视——来自广东南海产业工人的证据［J］. 世界经济文汇，2016（02）：44—58.

［100］李旭辉，汪燕敏. 基于政府角度的劳动力市场歧视问题研究［J］. 中国劳动关系学院学报，2007（03）：40—43.

［101］郭继强，姜俪，陆利丽. 工资差异分解方法述评［J］. 经济学（季刊），2011，10（02）：363—414.

［102］柯宓. 中国城市劳动力市场性别工资差异经验分析［J］. 福建论坛（人文社会科学版），2014（12）：209—214.

［103］罗俊峰，童玉芬. 流动人口就业者工资性别差异及影响因素研究——基于2012年流动人口动态监测数据的经验分析［J］. 经济经纬，2015，32（01）：131—136.

［104］马超，顾海，韩建宇. 罗默遇上奥萨卡：机会平等理论下的性别工资差异研究［J］. 浙江社会科学，2014（06）：22—30，155.

［105］彭竞. 高等教育回报率与工资的性别差异［J］. 人口与经济，2011（04）：51—57.

［106］葛玉好，曾湘泉. 市场歧视对城镇地区性别工资差距的影响［J］. 经济研究，2011，46（06）：45—56，92.

［107］蒯鹏州，张丽丽. 农民工性别工资差异及其成因的解释——歧视的贡献到底有多大［J］. 农业经济问题，2016，37（06）：43—50，111.

［108］王震. 基于分位数回归分解的农民工性别工资差异研究［J］. 世界经济文汇，2010（04）：51—63.

[109] 杜凤莲, 范幸丽. 失业对性别间工资差异的影响 [J]. 南开经济研究, 2005 (02): 12—19.

[110] 胡永远. 社会救助再就业人群与城镇职工的工资差距研究 [J]. 数量经济技术经济研究, 2014, 31 (06): 131—141.

[111] 刘文忻, 杜凤莲. 失业与中国城镇人口收入差距 [J]. 经济评论, 2008 (01): 36—39.

[112] 邢春冰. 农民工与城镇职工的收入差距 [J]. 管理世界, 2008 (05): 55—64.

[113] 李骏, 顾燕峰. 中国城市劳动力市场中的户籍分层 [J]. 社会学研究, 2011, 25 (02): 48—77, 244.

[114] 刘振, 戚伟, 刘盛和, 等. 中国城市流动人口就业行业选择分异及影响因素 [J]. 地理科学进展, 2023, 42 (06): 1055—1068.

[115] 刘丹, 雷洪. 乡—城流动人口就业部门分割及职业地位 [J]. 青年研究, 2016 (06): 1—10, 91.

[116] 赵维姗, 曹广忠. 农民工就业稳定性特征及职业类型的影响——基于全国13省25县100村调查数据的分析 [J]. 人口与发展, 2017, 23 (04): 11—21.

[117] 杨雪, 魏洪英. 就业稳定性与收入差异: 影响东北三省劳动力外流的动因分析 [J]. 人口学刊, 2016, 38 (06): 87—98.

[118] 王美艳. 转轨时期的工资差异: 歧视的计量分析 [J]. 数量经济技术经济研究, 2003 (05): 94—98.

[119] 韦伟, 傅勇. 城乡收入差距与人口流动模型 [J]. 中国人民大学学报, 2004 (06): 16—22.

[120] 王美艳. 城市劳动力市场上的就业机会与工资差异——外来劳动力就业与报酬研究 [J]. 中国社会科学, 2005 (05): 36—46, 205.

[121] 章元, 王昊. 城市劳动力市场上的户籍歧视与地域歧视: 基于人口普查数据的研究 [J]. 管理世界, 2011 (07): 42—51.

[122] 李云森. 统一户口、劳动力市场歧视与城镇居民收入差异——基于Oaxaca—Blinder分解的实证研究 [J]. 中国经济问题, 2016 (03):

17—29.

［123］田丰. 城市工人与农民工的收入差距研究［J］. 社会学研究，2010，25（02）：87—105，244.

［124］魏万青. 户籍制度改革对流动人口收入的影响研究［J］. 社会学研究，2012，27（01）：152—173，245.

［125］万海远，李实. 户籍歧视对城乡收入差距的影响［J］. 经济研究，2013，48（09）：43—55.

［126］孟凡强，吴江. 中国劳动力市场中的户籍歧视与劳资关系城乡差异［J］. 世界经济文汇，2014（02）：62—71.

［127］章莉，蔡文鑫. 中国劳动力市场收入户籍歧视的无条件分位数分解［J］. 复旦学报（自然科学版），2017，56（01）：12—18，28.

［128］吴晓刚，张卓妮. 户口、职业隔离与中国城镇的收入不平等［J］. 中国社会科学，2014（06）：118—140，208—209.

［129］陈传波，阎竣. 户籍歧视还是人力资本差异？——对城城与乡城流动人口收入差距的布朗分解［J］. 华中农业大学学报（社会科学版），2015（05）：9—16.

［130］程诚，张顺. 社会资本与工资收入的户籍差异——基于改进后的Oaxaca—Blinder分解［J］. 人口与经济，2013（06）：79—85.

［131］谢桂华. "农转非"之后的社会经济地位获得研究［J］. 社会学研究，2014，29（01）：40—56，242—243.

［132］陈伟，乌尼日其其格. 职业教育与普通高中教育收入回报之差异［J］. 社会，2016，36（02）：167—190.

［133］白雪梅. 教育与收入不平等：中国的经验研究［J］. 管理世界，2004（06）：53—58.

［134］李雪松，詹姆斯·赫克曼. 选择偏差、比较优势与教育的异质性回报：基于中国微观数据的实证研究［J］. 经济研究，2004（04）：91—99，116.

［135］魏下海，余玲铮. 我国城镇正规就业与非正规就业工资差异的实证研究——基于分位数回归与分解的发现［J］. 数量经济技术经济研

究，2012，29（01）：78—90.

[136]严善平. 人力资本、制度与工资差别——对大城市二元劳动力市场的实证分析［J］. 管理世界，2007（06）：4—13，171—172.

[137]钱文荣，卢海阳. 农民工人力资本与工资关系的性别差异及户籍地差异［J］. 中国农村经济，2012（08）：16—27.

[138]寇恩惠，刘柏惠. 城镇化进程中农民工就业稳定性及工资差距——基于分位数回归的分析［J］. 数量经济技术经济研究，2013，30（07）：3—19.

[139]魏万青，谢舜. 区域经济发展模式下的劳工收入差异与分解基于珠三角、苏南与浙江三地数据的实证研究［J］. 社会，2013，33（02）：111—130.

[140]王春超，叶琴. 中国农民工多维贫困的演进——基于收入与教育维度的考察［J］. 经济研究，2014，49（12）：159—174.

[141]程名望，盖庆恩，JinYanhong，等. 人力资本积累与农户收入增长［J］. 经济研究，2016，51（01）：168—181，192.

[142]王洋洋，张晓慧，崔冀娜. 农民工群体内部工资收入差距实证研究——基于CGSS2013的调查数据［J］. 调研世界，2017（03）：37—45.

[143]原新，韩靓. 多重分割视角下外来人口就业与收入歧视分析［J］. 人口研究，2009，33（01）：62—71.

[144]赵显洲. 农民工与城市工的工资差异及其分布效应——基于CGSS2013调查数据的经验研究［J］. 调研世界，2016（03）：42—46.

[145]谭静，余静文，李小龙. 流动人口教育回报率的城乡户籍差异及其原因研究——来自2012年北京、上海、广州流动人口动态监测的经验证据［J］. 中国农村观察，2017（01）：82—96，142—143.

[146]谢桂华. 中国流动人口的人力资本回报与社会融合［J］. 中国社会科学，2012（04）：103—124，207.

[147]马岩，杨军，蔡金阳，等. 我国城乡流动人口教育回报率研究［J］. 人口学刊，2012（02）：64—73.

[148]王晓丽. 城市劳动力市场分割与工资决定［J］. 人口与经

济，2013（05）：70—78.

［149］谭江蓉. 乡城流动人口的收入分层与人力资本回报［J］. 农业经济问题，2016，37（02）：59—66，111.

［150］任强，傅强，朱宇姝. 基于户籍制度的教育回报差异：对工资歧视的再考察［J］. 人口与发展，2008（03）：37—46.

［151］王海宁，陈媛媛. 城市外来人口工资差异的分位数回归分析［J］. 世界经济文汇，2010（04）：64—77.

［152］严善平. 中国大城市劳动力市场的结构转型——对2003年、2009年上海就业调查的实证分析［J］. 管理世界，2011（09）：53—62，187.

［153］俞玲. 人力资本、歧视与农民工收入——基于浙江省问卷调查数据的实证研究［J］. 特区经济，2012（04）：68—70.

［154］庞念伟，陈广汉. 城镇与外来劳动力工资差异分解——人力资本和歧视贡献及其变化［J］. 人口与经济，2013（06）：71—78.

［155］孟凡强. 劳动力市场多重分割下的城乡工资差距［J］. 人口与经济，2014（02）：76—85.

［156］王胜今，刘末. 受教育程度对流动人口就业质量的影响研究［J］. 人口学刊，2023，45（03）：49—62.

［157］李春玲. 文化水平如何影响人们的经济收入——对目前教育的经济收益率的考查［J］. 社会学研究，2003（03）：64—76.

［158］李春玲. 高等教育扩张与教育机会不平等——高校扩招的平等化效应考查［J］. 社会学研究，2010，25（03）：82—113，244.

［159］吴愈晓. 中国城乡居民的教育机会不平等及其演变（1978—2008）［J］. 中国社会科学，2013（03）：4—21，203.

［160］李春玲. 教育不平等的年代变化趋势（1940—2010）——对城乡教育机会不平等的再考察［J］. 社会学研究，2014，29（02）：65—89，243.

［161］李骏，吴晓刚. 收入不平等与公平分配：对转型时期中国城镇居民公平观的一项实证分析［J］. 中国社会科学，2012（03）：114—128，207.

[162] 张春泥, 谢宇. 同乡的力量: 同乡聚集对农民工工资收入的影响 [J]. 社会, 2013, 33 (01): 113—135.

[163] 魏万青. 自选择、职业发展与农民工同乡聚集的收入效应研究 [J]. 社会学研究, 2016, 31 (05): 164—188, 244—245.

[164] 金晓彤, 杨潇. 差异化就业的新生代农民工收入影响因素分析——基于全国31省 (市) 4268个样本的实证研究 [J]. 青年研究, 2015 (03): 20—29, 94—95.

[165] 赵宁. 代际差异视角下人力资本对农民工工资收入的影响分析 [J]. 西北人口, 2015, 36 (04): 29—34.

[166] 葛玉好, 赵媛媛. 工资差距分解方法之述评 [J]. 世界经济文汇, 2011 (03): 110—120.

[167] 郭继强, 姜俪, 陆利丽. 双重指数基准矫正下Brown分解方法新改进 [J]. 数量经济技术经济研究, 2013, 30 (06): 135—148.

[168] 葛玉好. 工资分布的性别差异: 分位数分解方法 [J]. 上海经济研究, 2007 (04): 22—30.

[169] 杨凡. 流动人口正规就业与非正规就业的工资差异研究——基于倾向值方法的分析 [J]. 人口研究, 2015, 39 (06): 94—104.

[170] 杨凡. 非正规就业对流动人口社会融合的影响研究——基于北京市调查数据的分析 [J]. 中南财经政法大学学报, 2016 (06): 30—35, 159.

[171] 张淑清. 对农村中小学生辍学问题的研究 [J]. 教育探索, 2005 (03): 36—37.

[172] 杜亮. 试论农村辍学与社会公平的关系——农村义务教育阶段辍学现象的社会学分析 [J]. 中国人民大学教育学刊, 2011 (03): 142—154.

[173] 周潇. 农村青少年辍学现象再思考: 农民流动的视角 [J]. 青年研究, 2011 (06): 43—52, 93.

[174] 牛建林. 农村地区外出务工潮对义务教育阶段辍学的影响 [J]. 中国人口科学, 2012 (04): 103—110, 112.

[175] 刘成斌. 农村青少年辍学打工及其原因 [J]. 人口研究,

2014,38(02):102—112.

[176]熊静,单婷,钱梦菊.农村青少年的辍学行为研究——基于家庭文化资本的视角[J].中国青年研究,2016(03):49—55.

[177]刘精明.高等教育扩展与入学机会差异:1978~2003[J].社会,2006(03):158—179,209.

[178]李煜.制度变迁与教育不平等的产生机制——中国城市子女的教育获得(1966—2003)[J].中国社会科学,2006(04):97—109,207.

[179]刘泽云.教育收益率估算中的几个方法问题[J].北京大学教育评论.2009(1):139—150.

[180]赵西亮.教育、户籍转换与城乡教育收益率差异[J].经济研究.2017(12):164—178.

[181]刘生龙,胡鞍钢.效率与公平:高校扩招与高等教育回报的分位数处理效应[J].学术研究.2019(4):72—84.

[182]李煜.婚姻的教育匹配:50年来的变迁[J].中国人口科学.2008(3):73—79.

[183]丁小浩,梁彦.中国高等教育入学机会均等化程度的变化[J].高等教育研究.2010,(2):1—5.

[184]王甫勤.社会经济地位、生活方式与健康不平等[J].社会,2012,32(02):125—143.

[185]胡安宁.教育能否让我们更健康——基于2010年中国综合社会调查的城乡比较分析[J].中国社会科学,2014(05):116—130,206.

[186]毛毅,冯根福.教育对健康的影响效应及传导机制研究[J].人口与经济,2011(03):87—93.

[187]洪岩璧,陈云松.教育影响健康的群体差异(2005—2012):资源替代与劣势叠加[J].社会发展研究,2017,4(01):1—18,242.

[188]王茵,何秀荣.教育能否产生健康收益?——基于倾向分值匹配的异质性分析[J].教育与经济,2015(05):55—61,72.

[189]赵红军,胡玉梅.教育程度一定会提高健康水平吗?——基于中国家庭追踪调查(CFPS)的实证分析[J].世界经济文汇,2016(06):

90—106.

［190］石智雷，杨宇泽．高学历的人更容易抑郁吗？——教育对成年人抑郁情绪的影响［J］．北京师范大学学报（社会科学版），2020（02）：148—160.

［191］张文宏，陈晓冰．教育对个体健康水平的影响［J］．山东社会科学，2020（7）：84—93.

［192］孔国书，惠长虹，李路路．中国居民自评一般健康的队列差异研究——兼论"人口红利"的健康效应［J］．人口学刊，2021，43（06）：94—112.

［193］郑莉，曾旭晖．教育的健康回报及其队列差异——基于成长曲线模型的分析［J］．人口与经济，2018（02）：69—79.

［194］李青原．教育对健康的分布处理效应——基于断点回归设计［J］．教育与经济，2022，38（03）：87—96.

［195］程菲，李树茁，悦中山．中国城市劳动者的社会经济地位与心理健康——户籍人口与流动人口的比较研究［J］．人口与经济，2018（06）：42—52.

［196］刘雯，於嘉，谢宇．家庭教育投资的性别差异——基于多子女家庭的分析［J］．青年研究，2021（05）：51—63，95—96.

［197］孙妍，林树明，邢春冰．迁移、男孩偏好与教育机会［J］．经济学（季刊），2020，19（01）：189—208.

［198］王伟宜．优质高等教育资源获得的阶层差异状况分析：1982—2010——基于我国7所重点大学的实证调查［J］．教育研究，2013，34（07）：61—67.

［199］方长春，风笑天．社会出身与教育获得——基于CGSS70个年龄组数据的历史考察［J］．社会学研究，2018，33（02）：140—163，245.

［200］阳玉香．自选择、政府培训与流动人口收入提高［J］．教育与经济，2017（04）：42—48.

［201］赵海涛．流动人口与城镇居民的工资差异——基于职业隔离的角度分析［J］．世界经济文汇，2015（02）：91—108.

［202］刘玮玮．职业隔离与教育投资的互动效应对我国城镇劳动力市场城乡歧视的分析［J］．教育与经济，2015（05）：62—68．

［203］何泱泱，刘国恩，徐程．中国职业隔离与性别工资差异的变化趋势研究［J］．经济科学，2016（04）：78—89．

［204］詹鹏．教育质量与农村外出劳动力的教育回报率［J］．中国农村经济，2014（10）：21—34．

附　　录

附录A：流动人口教育回报OLS回归与稳健回归结果比较

变量	OLS	稳健回归	系数差绝对值/S.E (robust)
受教育年限	0.0541*	0.0595***	
	（0.0259）	（0.0084）	
年龄	0.0200	0.0042	3.95
	（0.0124）	（0.0040）	
男性	0.3623*	0.3110***	1.13
	（0.1413）	（0.0455）	
非农户口	0.0111	0.1411*	2.20
	（0.1839）	（0.0592）	
省际流动	−0.0415	0.1482**	4.12
	（0.1505）	（0.0484）	
婚姻状况（0=未婚）			
在婚	−0.0720	0.1625*	3.69
	（0.1971）	（0.0635）	
离婚或丧偶	0.3289	0.2076	
	（0.4515）	（0.1454）	
中共党员	0.5952*	0.0907	5.34
	（0.2931）	（0.0944）	
工作单位（0=无正式单位）			
国有部门	3.3624***	0.0429	38.29
	（0.2694）	（0.0867）	
市场化部门	3.4261***	0.1985**	47.75
	（0.2099）	（0.0676）	
工作经验	0.0541*	0.0412***	1.90
	（0.0211）	（0.0068）	

续表

变量	OLS	稳健回归	系数差绝对值/S.E$_{(robust)}$
工作经验平方	−0.0023***	−0.0012***	5.5
	(0.0006)	(0.0002)	
父亲受教育年限	−0.0345	−0.0196**	2.26
	(0.0205)	(0.0066)	
母亲受教育年限	0.0125	0.0134*	
	(0.0197)	(0.0064)	
所在地区（0=东部）			
中部	−0.5558**	−0.2133**	5.02
	(0.2118)	(0.0682)	
西部	−0.4638	−0.1317	4.07
	(0.2535)	(0.0816)	
常数项	2.9837***	6.5018***	
	(0.5021)	(0.1617)	
样本量	966	966	
ll	−2074.1125		

注：*$p < 0.05$，**$p < 0.01$，***$p < 0.001$

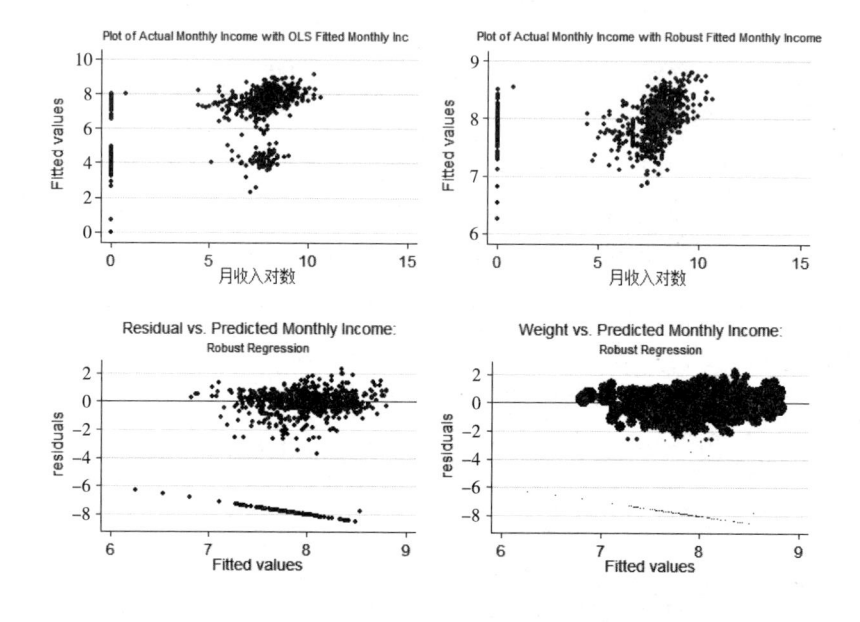

附图A　OLS回归与稳健回归预测范围比较

附录

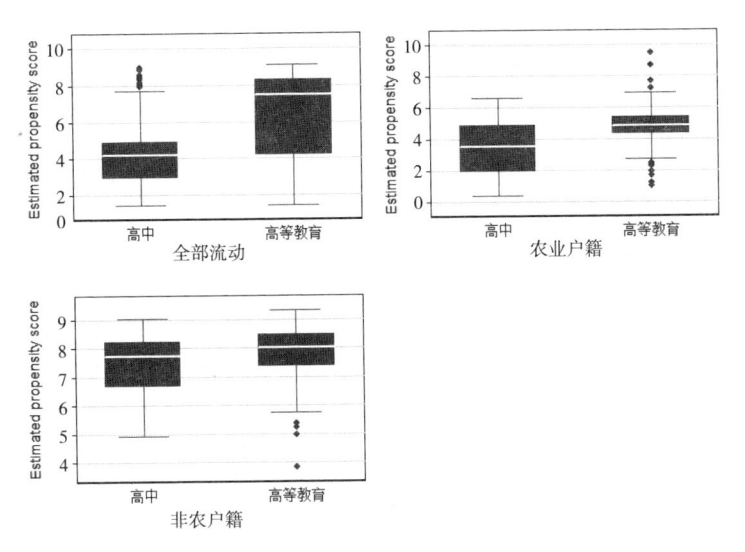

附录B：高等教育阶段教育回报倾向值估计结果

附图B1　分户籍的是否接受高等教育的倾向得分线图

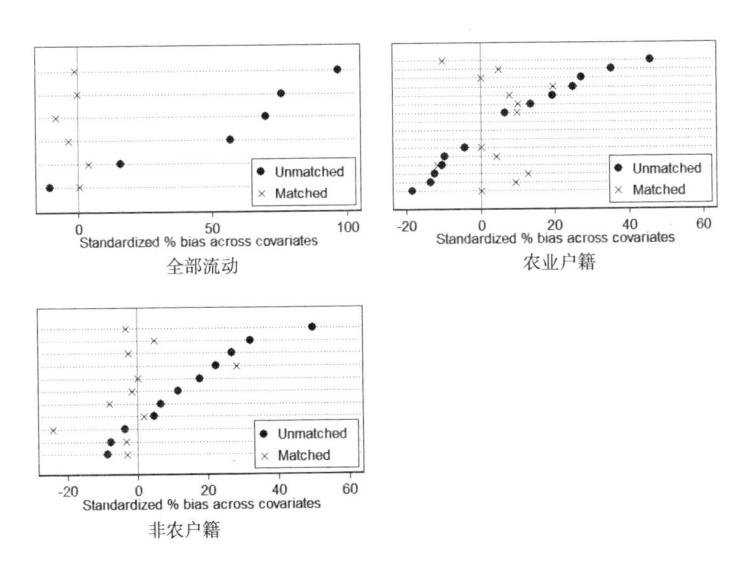

附图B2　分户籍的是否接受高等教育倾向得分估计各协变量标准化偏差

注：横轴每条线代表一个协变量，暂未一一标注协变量名称。以标准化偏差小于10%为佳。

附录C：分代际的流动人口教育回报稳健回归结果

变量	模型（1）老一代与全部	（2）模型 老一代与农业	模型（3）老一代与非农	模型（4）新生代与全部	模型（5）新生代与农业	模型（6）新生代与非农
受教育程度（0=高中）						
没读过书	−0.3901**	−0.2660	−3.1988***		−7.8568***	
	（0.1490）	（0.1439）	（0.7884）		（0.6420）	
小学	−0.2481**	−0.1354	−0.8463*	−0.2356*	−0.3165**	−0.1005
	（0.0948）	（0.0937）	（0.3705）	（0.1175）	（0.1163）	（0.4220）
初中	−0.2463**	−0.1573	−0.2692	−0.1265	−0.1930*	0.6108*
	（0.0788）	（0.0808）	（0.2200）	（0.0783）	（0.0778）	（0.2503）
专科	0.1987	0.4213**	0.2217	0.0841	0.0858	0.1769
	（0.1107）	（0.1577）	（0.2136）	（0.0957）	（0.1089）	（0.1874）
本科及以上	0.8714***	0.6249**	0.8648***	0.4872***	0.7504***	0.4896**
	（0.1338）	（0.2318）	（0.2475）	（0.1075）	（0.1704）	（0.1681）
年龄	−0.0167**	−0.0164**	−0.0123	0.0387***	0.0225	0.0391
	（0.0058）	（0.0060）	（0.0170）	（0.0103）	（0.0116）	（0.0214）
男性	0.2909***	0.3540***	0.0784	0.3221***	0.3640***	0.3253***
	（0.0600）	（0.0636）	（0.1453）	（0.0587）	（0.0645）	（0.1217）
非农户籍	0.1397			0.0237		
	（0.0788）			（0.0794）		
省际流动	0.0229	−0.0430	0.3899*	0.0918	0.0916	0.1846
	（0.0633）	（0.0658）	（0.1699）	（0.0621）	（0.0678）	（0.1322）
婚姻状况（0=未婚）						
在婚	−0.4146*	0.0000	−0.4235	−0.0302	−0.0351	0.2972*
	（0.2079）	（.）	（0.3339）	（0.0755）	（0.0858）	（0.1499）
离婚或丧偶	−0.5814*	−0.2545	−0.6303	0.2052	0.2144	0.2296
	（0.2463）	（0.1614）	（0.4152）	（0.2327）	（0.2324）	（0.7352）
中共党员	−0.3023*	−0.4215*	−0.1958	−0.0288	−0.0421	0.0228
	（0.1287）	（0.1812）	（0.2255）	（0.1238）	（0.2193）	（0.1592）
工作单位（0=无正式单位）						
国有部门	7.6765***	7.7114***	7.8889***	0.0384	0.0715	8.5617***
	（0.0968）	（0.1119）	（0.2396）	（0.1315）	（0.1524）	（0.2954）

变量	模型（1）老一代与全部	（2）模型老一代与农业	模型（3）老一代与非农	模型（4）新生代与全部	模型（5）新生代与农业	模型（6）新生代与非农
市场化部门	7.9146***	7.8200***	8.2431***	0.1488	0.1291	8.5948***
	（0.0714）	（0.0712）	（0.2193）	（0.1063）	（0.1088）	（0.2716）
工作经验	0.0059	−0.0013	0.0036	0.1125***	0.0918***	0.1780***
	（0.0076）	（0.0075）	（0.0293）	（0.0211）	（0.0230）	（0.0461）
工作经验平方	−0.0002	−0.0001	0.0000	−0.0058***	−0.0044**	−0.0094**
	（0.0002）	（0.0002）	（0.0008）	（0.0013）	（0.0014）	（0.0029）
父亲受教育年限	0.0013	0.0153	−0.0463*	−0.0272**	−0.0260**	−0.0303
	（0.0085）	（0.0090）	（0.0228）	（0.0087）	（0.0093）	（0.0200）
母亲受教育年限	−0.0182*	−0.0182	0.0095	0.0380***	0.0126	0.0876***
	（0.0089）	（0.0094）	（0.0246）	（0.0078）	（0.0094）	（0.0144）
所在地区（0=东部）						
中部	−0.2708***	−0.1724*	−0.3349	−0.1508	−0.2213	−0.0766
	（0.0777）	（0.0852）	（0.1940）	（0.0979）	（0.1199）	（0.1650）
西部	−0.1857	−0.2052	−0.1408	0.0277	0.0813	−0.2308
	（0.0970）	（0.1181）	（0.2030）	（0.1152）	（0.1341）	（0.2210）
常数项	1.2605***	0.8265**	1.1330	6.1560***	6.8142***	−3.1400***
	（0.3022）	（0.2805）	（0.7560）	（0.2926）	（0.3274）	（0.6244）
样本量	377	267	110	596	427	170

注：*$p < 0.05$，**$p < 0.01$，***$p < 0.001$